研究者が知っておきたい

アカデミックな世界の作法

国際レベルの論文執筆と
学会発表へのチャレンジ

早稲田大学教授
谷本寛治

中央経済社

はしがき

　本書は，日本の社会科学の研究者が国内にとどまらず，国際的な研究・教育の場においても役割を担い，貢献していくことを後押しする解説書です。

　本書のキーワードである「アカデミック・コミュニケーション」とは，国際的な研究者ネットワーク・学界コミュニティ（以下アカデミック・コミュニティ）において，研究発表をし，論文を出版し，広く議論していくことを指しています。その基本的な考え方や方法は，もちろん国内においても同じです。

　本書が対象とするのは，主に社会科学系の大学院学生やポスドク，大学・研究機関に就職して5，6年程の若手研究者（主に20代半ばから30代半ばのEarly Carrier Researcher：ECR）で，アカデミック・コミュニケーションの基本について解説しています。さらに中堅の研究者（ECR後の30代後半以降から40代後半）にとっても，本書をきっかけにこれまでを振り返り，戦略を練り直すきっかけになればと思います。

　本書は，論文の書き方や学会での発表の仕方などに関するテクニカルな部分に焦点を当て解説することにとどまらず，アカデミック・コミュニティで共有されている基本的な考え方や作法にも触れ，そういった場にいかにコミットしていくかということも説明していきます。

　社会科学の領域で学ぶ学生に向けて卒論・修論などの書き方に関する解説書は，これまでたくさん出版されています。しかし国際学術雑誌Journalに論文を投稿する方法やレビュー・プロセス，Academic Writingの方法，国際学会でのプレゼンテーションのガイドになると，医理工系に

は数多く出ていますが，社会科学系にはあまりありません。それはニーズの有無の反映だったと言えます。また若手研究者に研究者としての心構えを説いたり，大学教授の仕事の可能性や課題について書かれた書物はたくさんあります（ノーベル賞学者の自伝なども）。しかし社会科学を対象に広くグローバルなアカデミック・コミュニティにおける活動，そこでのコミュニケーションまで含めて解説する書物となるとこれまでほとんどありませんでした。私は，若手研究者には初めから広い国際的な視点をもって研究を進めていくことを期待していますし，中堅の研究者には多忙でも諦めず，研究戦略を国際的な場に向けて自らを変革し，挑戦していくことを望んでいます。いきなりトップジャーナルに論文を出版するという目標を立てるのではなく，広いアカデミック・コミュニティにおいて多くの研究者と議論し，少しずつ自分の専門領域のJournalに論文を発表していくことを期待しています。日本の大学は，基本的に終身雇用で短期に業績を求めないという制度ですので，チャレンジにじっくりと取り組める環境にあると思います。

　本書は自分自身の経験と反省に基づき，これまで国内外の大学で行ったJournal論文の書き方や投稿の仕方に関するレクチャー，それをまとめた〈学界展望〉「どのようにアカデミック・コミュニケーション能力を高めるか」『企業と社会フォーラム学会誌』（第7号，2018年）や，『経営学者のドイツ』（amazon POD，2019年）で書いた大学論や海外での授業・生活の部分などをベースにしながら，新たに書き下ろしたものです。

　ところで，本書は当初2021年度中に刊行できればと思っていたのですが，突然のコロナ禍によって海外出張などあらゆるスケジュールがキャンセルとなり，在宅という思わぬ形で時間が与えられたことによって，予定より早く仕上がりました。世界中の大学のキャンパスが閉鎖され，オンライン授業が行われるというこれまで経験したことのない事態の中，自宅で改め

て大学，研究・教育の在り方について考えさせられました。

　最後に，中央経済社の山本継社長には感謝の意を表します。本書が同社から出版されることになったきっかけは，市田由紀子編集長に上記の学会誌に書いた学界展望のお話をした際，学会誌に書くだけではもったいないですね，という何気ない会話にありました。これまで出版してきた本の中にも，編集者との会話の中からアイディアが引き出されてきたものがあります。出版社の人も日々忙しく仕事をされていますが，この本を書き上げて，そういう時間も大事なことだと改めて思いました。本の制作に当たっても，アドバイスをいただきました。また本書の原稿を読んでコメントをくれた千葉商科大学の大平修司教授，法政大学の土肥将敦教授，弘前大学の大倉邦夫准教授にも感謝します。彼らのように日本のアカデミアで育ってきた中堅の研究者が，グローバルなアカデミック・コミュニティに活動の場を広げ活躍していってほしいと期待しています。

2020年7月　小暑　鷹乃学習　東京の自宅にて

谷本寛治

目　次

8

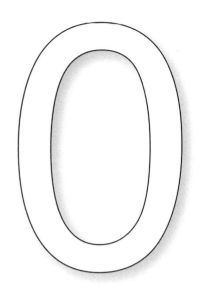

アカデミック・コミュニティへの招待

0-1　教員の国際化

　日本の大学や学界にいると，そこには多様なコミュニティがあって，大いに可能性があるように思います。しかし広くグローバルな視点で見れば，それはやはり狭い世界で，国際的には研究および教育に関してより広く，より高いレベルで活動がなされていることがわかります。海外の様々な大学や研究者を見ていると，その研究・教育のレベルの違いから，日本の大学や教授をそのまま英語に訳してUniversity，Professorと言っていいのか，という疑問が出てくることもあります。日本でイメージされているものと世界のトップクラスとの間には，ギャップがあるように思います。さらに欧米の大学を教えを請う場としてではなく，共同研究・教育していく場として捉え，活動していくことが求められています。分野にもよりますが，総じて日本の社会科学の研究者の国際的なプレゼンスは高いとは言えません。

　かつての世代は，欧米の研究を学びそれを理解，応用することに努力してきました。ただ批判的に解説・論評するだけでは，あるいはその枠組みの中で日本の企業・社会を分析するだけで理論的なインプリケーションがなければ，さらにオリジナリティがなければ，アカデミック・コミュニティに貢献したとは言えません。そもそも国際学術雑誌（以下Journal）に英語で発表しなければ，国際的な議論の俎上にも上がってきません。

日本の大学の国際化は何が抜け落ちているか

　ところで，ここ数十年間のグローバリゼーションに伴い，日本の大学も国際化していかなければならないと叫ばれています。政府や各大学は「グローバル化戦略」を立て，国際的な競争力をもった大学になるために色々な取り組みを行っています。例えば，国際と名称のつく大学や学部の創設，

短期留学の制度化，留学生の呼び込み，使える英語力の取得を目指した TOEICなどの義務づけが進み（入試での利用も含め），さらに最近では英語の授業を行うため外国人教員等を増やそうとしています。しかしながら第1章で見るように，国際ランキングによると日本の大学は欧米のトップ校どころか，アジアの大学にも遅れをとっています。なぜなのでしょうか。日本のグローバル化政策自体が根本的な問題を含んでおり，様々な批判がなされていますが（苅谷，2017など），そこで抜け落ちている議論の一つに，個々の教員，研究者が国際化しているか，アカデミック・コミュニティで活動しているか，という問題があります。

　近年，世界の大学間競争は非常に激しいものがあります。日本の大学も少子化が進む中，大学の生き残り策の一環としてアジアの学生（日本語能力のある）を集めようとしていますが，日本大好きという学生以外，国際的な競争力のない大学に優秀な学生が来るのか，国際的な認証のないビジネススクールに魅力があるのか，という問題があります。日本の多くの大学は，長らく国内市場において，国の規制の枠組みの中で（大学設置基準），護送船団的に存続してきました。戦後経済の高度成長に合わせ大学は急増し，大衆化し，たくさんのサラリーマンを企業に送り込んできました。企業は日本独特の仕事の仕方，職務のあり方，組織構造をもち，内部で評価－昇進－移動する内部労働市場を発達させてきましたが，そこで新卒者に求めることは，日本の組織で仕事をする上での基礎的な社会人としての力であり，採用時にはコミュニケーション能力，主体性，協調性といったことを長年重視してきました（経団連の2019年度新卒採用に関するアンケート調査より）。大学での教育は企業のニーズに合致していないとみられ，そこでの勉強は期待されないものになってきたと言えます。何をどう学んだかではなく，基本的に入試難易度の高い大学の卒業生がより条件の良い大企業に就職していくことが続いてきました。こういった日本の大

学の問題は，日本の企業や社会が大学や大学人に何を求めてきたかということの反映だと言えますが，もちろん個々の学生，教員自身の問題でもあります。第2章でみるように，多くの大学において学びの場が形成されているとは言い難い状況が見られます。一般的に学生はたくさんの科目を履修し，事前準備することなく受け身で聞いて楽しい授業を求め，教員は自分の知っていることや経験したことを一方的に話すという授業スタイルが定着してきました。授業を成り立たせるに当たって，学生と教員の双方が求める期待値がかなり低いところで折り合ってきたのではないかと思います。教員に対して教育を充実させる社会的期待もあまり高くなかったと言えます。

　しかし，世界的に今の大学に求められているのは，新時代のリーダーを育てていくことです。グローバリゼーション，デジタリゼーションが進み，そしてサステナビリティが求められるこの変動する社会において，ビジョナリー（新しいビジョンを示す），エンパワリング（人々を力づける），コラボラティブ（異なるセクターの人々をつなげ協働する），イノベーティブ（これまでの価値に縛られない新しい発想を提起する）なリーダーを育成していくことが期待されています（谷本，2018a）。国際社会において複雑に入り組んだ経済，環境，社会の諸課題（SDGsに示されているような課題）に取り組み，新しい方策を見いだしていく力をつけていくことが重要です。日本の大学はそこにどれほど貢献できているでしょうか。多様な価値を受け止め，新しい発想を持つ人を育てていくためには，大学の授業においてたくさん読み，考え，書き，多様な人々と議論する場をつくっていくこと，そして現実の世界を知るインターンやボランティアといった活動を組み込んでいくことが求められています。教員もそれに応える研究と経験をしているかということが問われていますが，多くの大学ではあまり問題にもなっていないのではないでしょうか。

教員・研究者が国際化するという視点

　本書は大学の制度的問題やグローバル化戦略のあり方を取り上げるのではなく，国際化の議論において抜け落ちている問題の一つである教員，研究者の課題を取り上げます。日本の大学は国際的な競争から取り残された厳しい状況にあることを認識しなければならないのですが，大学論として語る前に個々の教員が自分の問題として考えることも必要です。日本の多くの教員や学会が国内志向の狭いコミュニティの中にとどまっており，とくに社会科学では多くの分野で国際化が遅れています。国際学会で報告する，Journalに論文を投稿する，そしてそれぞれの領域における広いアカデミック・コミュニティに参画し，国際的な研究・教育のネットワークの中で役割を担い貢献していくことが期待されています。そういった経験が自分の大学での研究，教育に活きてくると言えます。これは単に英語で授業をするということではありません。本書は，研究者に求められる役割，研究のあり方，論文の書き方などに焦点を当てています。とくに若い時から国際的な視点をもって取り組んでいくことを期待しています。そして研究者は学術的な知識やスキルだけではなく，アカデミック・コミュニティにおけるコミュニケーション力，倫理感，そこでの作法を併せ持って活動してくことが求められており（長谷川，2015），本書はそういったことにも触れていきます。

0-2　本書の背景

　「はじめに」でも書きましたように，本書を執筆しようとした動機は，自分のこれまでの経験と反省にあります。一部の研究者を除いて多くはまだまだ国内志向で，良い研究をしていても日本語の世界で活動しているだ

けでは，国際的なアカデミック・コミュニティにおいては共有されません。私も40代終わり頃まではそうでしたが，研究者としての戦略を大きく転換させました。今振り返ると，もっと若い頃からそうすべきだったと思います。

　私は，海外の大学で学位を取得するため留学したり，海外で職を得て研究・教育を行ってきたわけではなく，アカデミック・コミュニティで活動し始めたのは40代の終わりですから，あまりにも遅いスタートと言えます。私の学歴は，本書の奥付や研究室のウェブサイトにあるように，とてもドメスティックです。日本の大学，大学院を出て学位をとり，30代から40代にかけての目標は，日本語で論文を書き，研究書を出版することにありました。サバティカルでの海外滞在の経験も，英語で論文を発表したこともなく，国内の学界でのみ動いてきたわけです。そのことに限界を感じだしたのは40代半ば過ぎてからです。

訪れた転機

　少し振り返ると，私は30代の頃「企業と社会」という研究分野の性質上，経営学にとどまらず，システム論から現代思想，社会経済学などの学問領域を横断的に動いてきました。40代に入って，ちょうど一橋大学に移籍した90年代後半頃から，NPOやCSRに関する議論が広がってきたこともあり，学界のみならずNPO，企業，政府など，セクターを横断的に動いてきたと言えます。

　40代半ばに調査などで海外に出た際，政府機関，企業，NGO，そして研究者たちとのインタビューにおいて，日本ではどうなのか，あなたの考えはどうなのかと，いつも問われました。論文を送ってほしいと頼まれても送れるものはなく，これまで自分の研究成果を英語で発表してこなかったことへの限界を肌身で感じたわけです。また「企業と社会」にかかわる

研究領域で日本人の存在感はほとんどありませんでした。その頃までの私は，企業の仕事を受けたり，政府の審議会や委員会に参加するなどしてきましたが，50代に入る頃からこの種の仕事は徐々に減らし，アカデミック・コミュニティという場での研究活動に大きく舵を切りました。何のために研究者になったのかという反省が，研究者としての戦略を大きく変えさせたと思います。研究，方法の幅も広げ，Journalに論文を投稿したり，カンファレンスで研究発表をするようになるのは50代になろうとする頃からですから，とても遅いと言えます。

　何の伝手もない中でもがいていくうちに少しずつネットワークも広がり，カンファレンスやセミナーにスピーカーとして招待されたり，Book ChapterやEndorsementの執筆を依頼されたり，あるいは客員教授として呼ばれ授業を担当するようになり，海外に出かける頻度も増えました。またJournalの編集者の仕事なども引き受け，「企業と社会」「CSR」領域のアカデミック・コミュニティの中で少しは役割を担うようになってきたように思います。もちろんトップクラスで活動している人たちとの距離は大きく，早い時期からワールドレベルを意識しながら研究していく必要があると実感しています。そういった反省から，また遅くアカデミック・コミュニティにかかわったことで日本との比較で見えてくることもあり，本書を執筆しています。

　つまり，これまで国内志向だった人はいつからでも研究者としての戦略を変えることは可能であるということです。カンファレンスに参加することやサバティカルで海外の大学に滞在することを通して，ネットワークを少しずつ広げていくことです。日本語で書かれた論文はいくら内容が良くても，世界的に見ればごく限られた人しか読めません。さらにJournalに論文を出して満足するのではなく，アカデミック・コミュニティの中で活躍できる力と信頼関係をつくっていって欲しいと思います。そのためには

自分で限界を設けず，新しい世界や局面においてこれまでとは異なる発想や考え方を積極的に受け止めコミットしていくことが求められます。若手研究者には初めからそういう視点で取り組んで欲しいと思いますし，中堅の人たちにとっては，戦略転換は決して楽なことではありませんが，研究者になった頃の初心を思い出して欲しいと思います。本書はその上で求められるJournal論文の書き方や投稿の仕方から，アカデミック・コミュニティにおける常識や作法について，最低限知っておくべきこと（common understandingあるいはcommon rule）をまとめています。

0-3 本書の構成

　本書はこのイントロダクションにあたる第0章「アカデミック・コミュニティへの招待」に続き，次のように構成されています。

　第1章「あらためて，大学とは」では，大学の機能，国際化の流れから，研究者の流動性，そして国際ランキングについて考えます。

　第2章「大学教授の仕事とは」では，大学教授の4つの基本的な仕事：研究・教育・大学運営・社会貢献について見直していこうと思います。

　第3章「研究とは」では，学術研究に求められること，研究者の役割，立ち位置について考えます。

　第4章「論文の書き方，Journalへの投稿」では，アカデミックな論文に求められる要件，Journalに投稿した際の審査のポイントについて解説し，良い論文とは何かについても言及します。

　第5章「学会やセミナーでの研究発表」では，海外のカンファレンスでの発表を念頭に，準備から発表，そして発表後までの心構えについてまとめます。

　第6章「グローバルなアカデミック・コミュニティ」では，国際的な学

界のネットワークの中に入っていくこと，そこで役割を果たしていくことについて考えます。論文を書くことは研究者の活動の基本ですが，さらに広く多様な役割を担うことが期待されています。

　第7章「海外での適応力，変化へのチャレンジ」では，海外を拠点に研究，生活することについて解説します。サバティカルとして，あるいは客員教授，正規の教授として海外に滞在する場合，日本とは異なる環境の中で生活することになります。そこで柔軟に適応できることが，様々な人々と交流し，共同研究する際のベースとなります。研究者としての戦略を国内から世界に向けて変えていくにあたっては，変化を恐れずに自分を変えていくという挑戦が求められます（self-renewal, self-innovation）。研究者としての戦略を意志をもって変えていくことについて，若手・中堅の研究者たちにエールを送りたいと思います。

　各章末にはColumnを配置し，国際的なアカデミック・コミュニティにおける風景や生態，共通感覚の断片に触れます。

関連する図書

　このような本をまとめるに当たっては，これまで自分が論文や本を出版してきたことや，学会やセミナーなどで発表してきたこと，Journalのエディター，ゲスト・エディター，またレビューアーとして経験してきたこと，カンファレンスの運営委員，客員教授として海外の大学に滞在し授業をしてきたことなどを踏まえています。本書で取り上げている個別の課題については，いくつかすでに定評ある書物が出ています。とくに卒論，修論，博論の書き方といったタイトルの本はたくさん出版されています。そこでは一般に文献・資料の見つけ方，調査の仕方，問題設定から結論への論理的な展開の仕方，引用の仕方，論文の形式など基本的な説明がなされています。さらにもう一歩進んで，若手研究者が海外のJournalに投稿す

るレベルでの論文の書き方を教示するものもあります。日本語では医理工系を対象としたものが多く，例えば上出（2014），佐藤（2016a；2016b），廣岡（2009）などがあり，また政治学の川崎（2010），心理学のSilvia（2007）の邦訳などもあります。アカデミック・ライティングのガイドについては，アメリカでは伝統的に沢山あります。例えばHuang（2010），Glasman-Deal（2009），Gastel and Day（2016）など。日本語では医理工系のニーズが高く，桜井（2007），廣岡（2009；2014）などいくつかあります。人文・社会科学系にはまだ少ないものの中谷（2016；2020）が参考になります。英語によるプレゼンテーションのガイドについては，Langham（2007），Hawke and Whittier（2011），佐藤（2017），島村（2017）などがあり，これらは医理工系の研究者向けに書かれたものですが，社会科学の研究者にとっても参考になります。

広いアカデミック・コミュニケーション

　論文の基本的な書き方や作法を知ること，そして同じ内容でも読みやすく分かりやすく書く基本を学ぶことはとても重要です。ただし本書で言う「コミュニケーション」とは，論文を書いたり様々な人と議論するということにとどまらず，学界という世界にコミットしそこでの役割を果たしていくことを含め広く理解しています。したがって本書では，論文をJournalに投稿することから，海外での学会・カンファレンスでの報告，さらにグローバルなアカデミック・コミュニティに参画し貢献していくことまで，広くアカデミック・コミュニケーションについて考えてきます。こういったことは指導教授が院生に指南したり，学会のドクトラル・ワークショップにおいてベテラン教授が経験的に語ることがありますが，自ら苦労しながら身に付けていくということが多いと思います。私もそうでしたが，若手研究者は自己流にとどまらず，共有されている作法や考え方を，

先人の経験から学ぶことも有益です。本書は社会科学，経営学，そして私の専門領域（企業と社会論）での経験をベースにしながらも，一般的なガイドとなるよう心がけてまとめています。

> **Tips**
>
> 　国際的な出版社 Elsevier は，若手研究者向けに Research Academy というサイトをつくり，研究・出版していく上での基本的な課題・注意点などをアドバイスしています。次のような項目を掲げ説明しています。①研究の準備：奨学金や研究費の獲得からデータ管理まで，②論文を書くこと：ライティング・スキル，③投稿し出版すること：基本的な仕組みから研究倫理まで，④ピアレビューの仕組み，⑤コミュニケーション：研究の社会的意義やその認知度の上げ方など。若手研究者にはこういったサイトを積極的に活用することを勧めます。
> https://researcheracademy.elsevier.com/
> 　また国内外の多くの大学では，大学院生向けに論文の書き方，研究費の取り方，研究倫理などについてガイドするウェブサイトを設けるようになっています。今や様々な情報源から学べる環境があり，この10年ほどで大きく変わってきたと思いますので，是非活用してみて下さい。

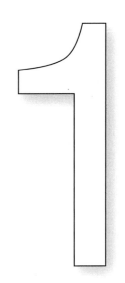

あらためて，大学とは

1-1　オープンな場としての大学

　はじめに大学について少し考えておきましょう。ただしここでは歴史的な大学論や制度論を展開しようとするものではありません。大学という研究・教育の場には国境はなく，オープンなキャンパスに様々な考えをもつ人々が集まり，議論するユニバーサルな場であること，そしてそこには活発な交流，協力，競争がみられるということについて触れておきたいと思います。これまで多くの大学はそれぞれの社会，言語・文化の中で発展してきたのですが，この数十年ほどのグローバル化の進展とともに国際的なネットワークが急速に広がり，国際間の競争が激しくなっています。

　近代以降の大学universityは，宗教や出身階層，民族などに関係なく，多様な考え方や学問が集まり，誰もが自由に学び研究できる場です。もともと英語のuniversityやドイツ語のuniversitätの語源となったラテン語のウニベルシタスuniversitasは，「uni + versus」，「1つ + 向く」で，それが「1つの目的をもつ共同体，統一したもの」という意味になり，大学という意味で使われるようになったと言われています。様々な学問，ファカルティが集まり，研究・教育がなされる独立した場が大学です。そこでは同じような思いをもって学んでいる学生や研究者は広くつながりあえるのです。様々な人が自由に議論をしたり，スポーツや文化の交流をしたりと，大学は開かれた場です。多様で異なる発想や価値観の存在を知り，自分のパースペクティブを広げるきっかけを見つけることができます。さらに大学間の連携が広がることで，より「チャンス」も広がります。良い大学というのは，そういうネットワークが国境を越えてつながり，多様な可能性が開かれているところだとも言えます。逆に内向きでそういった可能性の低い大学は，魅力に欠けると思います。国際的なそしてセクターを越えた人の交流が求められています。

日本の大学も海外の大学と交流協定を結び，学生の留学や教員の学術交流を促す取り組みを広げています。全国の大学の海外協定校はここ数年大きく伸びており，その総数は2017年に4万2千を越え（2013年の約2倍），とくにアジア諸国とのつながりが増えています（文科省「大学における教育内容等の改革状況調査」より）。交流協定制度を利用して相互に学生が訪問しあったり，短期／長期の留学（単位互換）を行ったり，また教員がサバティカルで滞在したり，共同研究，セミナーを開催したりといった交流は，とても有意義な取り組みと言えます。学生にとっては，大学が様々な学びの場，交流の場を提供することによって，自分の大学の中にとどまらず，広いつながりを得るチャンスが増えます。ただその中にはMOU（基本合意書）を定めて交換したものの，実際の活動に結び付いていない，または長らく利用されていないというケースも見られます。次章で見るように，大学の国際化戦略の中でMOUを形骸化させず，そこに書かれた活動を実行していくことが求められます。

1-2　加速する大学国際化の流れ

現在の大学が抱える課題はたくさんありますが，ここでは大学の国際競争力，国際的ネットワークに焦点を当てて見ていきましょう。トップクラスの大学は，優秀な人材や資金を手広く集め，高い評判，国際ランキングも獲得していますが，同時に厳しい国際競争の中で研究・教育を行っています。もちろん日本の大学もここ何年も国際化しなければと様々な取り組みがなされてきました。国際関係の学部やセンターを作ったり，短期留学に学生を送り出したり，英語での授業を増やすことが行われています。確かに学生の国際交流は拡大し，2019年5月の時点で，外国人留学生の数は約23万人，海外留学を経験した日本人学生は約11.5万人となっています

（日本学生支援機構調査）。もっとも１カ月未満の短期留学が全体の66％を占めています。

　ここ20年ほど，政府は大学におけるグローバル人材育成を支援してきました。しかしながら，それは周回遅れのキャッチ・アップ的取り組みで，実際の成果はそこで示されている「グローバル大学」には程遠いと言えます。2014年から始まった「スーパーグローバル大学創成支援事業」では，内向き志向の学生の意識を変えることや産業の国際競争力を強めることが目標として掲げられています。ただしそこでは大学教員の国際化については触れられていません。採択された大学では，新しい学部やセンターをスクラップ・アンド・ビルドで立ち上げ，そこで一括して留学生を集めて，英語の授業を行ったり，海外につくった拠点や提携校に学生を短期留学でまとめて送り出したりしています。しかし，日本のクラスをそのまま海外にもっていくようなスタイルでは成果は期待できません。さらに学内に新しいセンターをつくり事業が展開されていても，そこが「出島」のようになっていては，つまり既存の学部の教員や学生が自分には関係のないことと思っていれば，改革にはつながらないでしょう。かつてコンピュータが出始めたころ，計算機センターやコンピュータ室といった特別な場所がつくられ，そこに行って作業をしていましたが，今ではまさにユビキタスは定着し，どこでもいつでも利用されています。そのようなイメージになるには，まだ時間がかかりそうです。

　ただ単にグローバル化政策や大学制度の問題点を批判するだけではなく，個々の教員の研究や学界活動の国際化が遅れていること，アカデミック・コミュニティへの貢献が不十分であることを反省する必要があると思います（とくに人文・社会科学の領域で）。制度を批判することは簡単ですが，その前に自分はどうなのかを振り返ることが求められていると思います。

ヨーロッパの大学はなぜアメリカの大学と差がついたか

ところで，最近のヨーロッパの大学を見ると，国際的に開かれた大学にし，英語の授業を増やし，海外からの留学生も大きく増え，大学院制度も整備されてきています。しかしヨーロッパの大学は20世紀後半以降アメリカの大学に研究面でも資金面でも大きくリードされ，国際的な競争力を失っていました。かつての指導的地位を失っていることに危機感をもち，EU レベルで大学の制度改革が着手されました。

少しその動きを見てみましょう。イタリア，イギリス，フランス，そしてドイツの大学には12－13世紀頃からの長い伝統があり，これまでは世界の学問をリードし多大な貢献をしてきました。しかしそれぞれの国でそれぞれの古い大学制度を維持してきたことで，自国内，自国の言語で閉じていたと言えます。それではグローバル化時代に対応しきれません。一方アメリカではとくに第2次世界大戦後，大学を含む高等研究機関が世界の英知や研究資金を集めるようになり，競争力において差が出てきました。そこで1999年EUでは国ごとに異なる学位認定の方法と水準を同じものとして扱えるように制度を統一し，学部，修士そして博士課程を整備する改革がスタートしました。大学発祥の地イタリアのボローニャにEUの教育関係大臣が集まりその基本枠組みを作ったので「ボローニャ・プロセス」と呼ばれています。ヨーロッパの大学が実質的にアメリカ化していくことに対して強い反対もありましたし（今でもあるようですが），各国で取り組みが進む一方，教育内容を標準化しないことや法的拘束力もないことに批判もあります。しかしながら，これはヨーロッパではグローバル・レベルでの競争力をつけるためには避けられない改革だったと思います。大学院を整備し英語の授業を増やし，オープン化，国際化を図っています。例えば，ドイツではかつてコースとしての博士課程というものはなく，教授が

優秀な学生を残し，彼らは教授の仕事の手伝いをしながら，また学部の授業を担当しながら博士論文を書くスタイルが一般的でした。今もこの徒弟制的な制度は残っていますが，だんだん変わりつつあると言えます。英語で論文を書き，国際学会で発表する。今では当たり前ですが，かつてはドイツではドイツ語で，フランスではフランス語で研究し教えてきたわけです。

　日本でも同じく日本語でやってきたわけですが，その課題と今後についてきちんと議論がなされてきたとは言えません。文科省が大学の国際化に関して力を入れているのは，グローバル人材育成にむけてTOEIC受験支援，英語による授業，交流協定校の数を増やすことなどであって，教員の国際化は課題になっていません。研究については少ない研究費の戦略的配分について熱心な議論がなされていますが，人文・社会科学については文系学部廃止論が2015年に出てきたりと，議論が混乱しています。

1-3　研究者の流動性

　近年グローバルには研究者の研究活動や交流は非常に活発で，様々な共同研究プロジェクトが動き，欧米の大学ではカンファレンスやセミナーやワークショップが数多く開催されています。研究者の国際化とは，次章でも見ますが，それぞれの領域におけるアカデミック・コミュニティに参画し，そこで役割を担って積極的に貢献することです。国際的なネットワークを広げ，研究・教育にかかわっていくことが求められています。評価の高い研究者は公募や推薦（引き抜き）で移動しており，国際的なモビリティも高まっています。

移動の少ない日本の研究者

　より良い仕事への評価と労働条件・給与を求めて移動するのは労働市場では一般的ですが，大学の世界でも同様です。優秀な研究者は研究への高い評価を得て，より良い研究条件（研究環境，研究資金，教育・行政負担など）を提供する大学・高等研究機関に移動しています。その点においてアメリカの吸引力は強く，他国からすれば頭脳流出が大きな問題になっています（例えばTritah, 2008）。最近では中国がその大きな市場と資金力で，欧米の大学を引き寄せています。

　しかしながら日本の大学では，そもそも研究者の流動性は非常に低いことが指摘されています。それは日本の企業と同じです。国内の労働市場は閉鎖的で，一度就職すると長期間同じ企業（グループ）にとどまり，内部で教育，評価，移動するという企業内労働市場が形成されてきました。バブル経済崩壊後少しずつ変わってきた部分もありますが，労働市場はまだまだオープンでフェアな競争があるとは言えません。しかし研究者の場合高度に専門職であるが故に，もっと個人の意識と姿勢を変える必要があると思います。長年所属する組織における内々の評価（在任年数の長い人が優遇される）ではなく，外の評価つまりアカデミック市場での評価を受けられるかどうかが問われています。日本では業績が上がらなくても問題でも起こさない限り解雇されることはなく（専任教員は終身雇用ですから），多くは最初に就職した大学から移動することなくずっととどまっており，ましてグローバル市場からは縁遠いケースが多いと言えます。

移動が１回までの研究者が７割

　少しデータを見てみましょう。2009年の報告書ですが，文科省の「科学技術人材に関する調査」によると，日本の高等研究機関（大学及び公的な

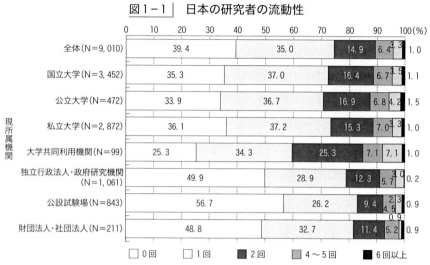

図1−1 日本の研究者の流動性

出所：文科省（2009）p.4.

研究機関の自然科学系の研究者を対象）に所属する研究者の中で生涯一度
も移動の経験がないという人は４割近くあり，１度だけ移動したという人
と加えると全体の７割を越えます（図１−１）。

　日本人を含めた研究者の流動性を国際比較した調査は少なく，さらに古
いデータですが，1993年カーネギー財団が実施した大学教授の生涯移動期
待値の算出結果があります。教授職にある研究者（在職20年以上）の高等
教育機関の在籍年数および高等教育の経験機関数を尋ね，その結果から生
涯従事年数を30年と仮定した場合の移動期待値を算出しています。日本で
の生涯移動回数期待値は0.78と低く調査国の下から２番目でした（図１−
２）。2009年の文科省の調査を見ると，国立大学では1.28回，公立1.51回，
私立1.01回と少し増えています。同報告書は，移動経験のある人は移動経
験のない人と比べ英語論文発表数が多いこと，上位年齢層では，若年層以
上に移動経験を有する人と無い人の英語論文数に差が見られる，と指摘し

図1−2 │ 研究者の流動性の国際比較

生涯移動回数期待値(回)

オランダ(N=93)	3.53
香港(N=445)	2.69
オーストラリア(N=1,330)	2.58
ブラジル(N=874)	2.42
ドイツ(N=2,686)	2.00
英国(N=56)	1.77
スウェーデン(N=1,072)	1.68
イスラエル(N=456)	1.64
米国(N=3,362)	1.62
メキシコ(N=956)	1.54
チリ(N=940)	1.52
韓国(N=887)	0.83
日本(N=1,699)	0.78
ロシア(N=343)	0.54

カーネギー調査(1993年)

出所：文科省（2009）p.11.

ています。また山野井（1996）によると，年齢5歳刻みの移動値を見ると，アメリカでは年代が増すごとに増加しているのに対し，日本では20代から定年前の60代前半まで移動値はほとんど変わっていないこと，さらに65歳以上では移動値が倍増していることから，大学間移動の大部分が定年後の移動によって占められている，と指摘しています。これは，多くの人は不満があっても出て行かない（行けない）ことを意味し，ましてや海外の大学への移動は例外的です。もちろん業績を上げて，研究環境のより良い大学に移動しようと努力している研究者も少なくはありません。経済学者に焦点を当てた矢野・富田（2005）の調査によると，教育中心の大学在職者は，より研究環境の良い教育大学ないし研究大学を目指して論文発表を行う努力をしている，と指摘されています（国内の大学市場において）。

　もう一点。日本の伝統校ではいわゆる「生え抜き」を重んじる文化があり，それは先の文科省の調査でも明らかになっています。とくに大規模大

学では，「現所属大学で学士〜博士を取得・一度も移動の経験がない」「現所属大学で博士を取得・一度も移動の経験がない」「現所属大学で博士を取得・移動の経験あり」を足すと50％を越え（年齢：35－44歳），多様性を重んじるアメリカなどの大学とは大きな違いがあります。同じカルチャーを共有していることの強みもありますが，同質化してしまうことのマイナスはより大きいと言えます。これも海外との競争，国際認証というグローバルな流れの中で変わらざるを得なくなっています。

1-4　国際ランキング

　次に，国際的な大学ランキングを見てみましょう。例えば代表的なイギリスのTimes Higher Education（THE）の2020年ランキングを見ると（92カ国1400校を対象），トップ5は1位Oxford，2位Caltech，3位Cambridge，4位Stanford，5位MITと英米の伝統校が並んでいます。200位以内にある日本の大学は東大36位と京大65位の2校のみですが，中国本土は7校，韓国6校，香港5校，シンガポール2校，台湾1校がランクインしており，現実をしっかり理解する必要があります。

日本と世界で大きく異なる物差し

　THEの評価基準は5つあり，Teaching：教育－学習環境，Research：研究－論文数／研究費／評価，Citations：論文の引用度・影響力，International Outlook：国際性－教授や学生を引きつける力，Industry Income：産業界からの収入－知識伝達・革新性。5つとも大学評価にとっては大事なポイントですが，教育，研究，論文引用の3項目で評価全体の90％を占めます。国際性は7.5％，産業からの収入が2.5％。日本の大学ははじめの3つの項目で大きく差をつけられています。THEによると，日本は今後

「優れた研究者や留学生を引きつけたり，他国の研究者との協力を進めたりして国際性のスコアを向上させるべきだ」と指摘されています（THE 世界大学ランキング 日本版ウェブサイト，2019年9月12日より。https://japanuniversityrankings.jp）。

　一方，日本の一般的な大学ランキングは，国内市場を対象とする基準で測られています。大学入試模擬試験での偏差値をベースに，学生サービス，歴史・伝統，就職支援・実績，学生や卒業生の活躍，教員の社会発信度などが挙げられます。これらの指標をもとにランク付けをしてもグローバルには通用せず，物差しが大きく違うと言えます。アジアの優秀な学生を集めようとしても，国際的に通用しない研究・教育，そして学位に魅力があるのかということです。日本文化が大好きという人以外に優秀な学生が来るのか，という問題があります。

ビジネススクールの評価

　ビジネススクールのランクも見ておきましょう。いろいろな評価がありますが，一般的には教育内容，研究，国際性，企業からの評価・人気などを基準としています。よく引用されるFinancial Times（FT）のGlobal MBAランキングは，卒業生の収入を評価の大きな柱にしています。FTの2020ランキングは，1位Harvard Business School，2位University of Pennsylvania: Wharton，3位Stanford，4位Insead，5位Ceibs，6位MIT: Sloan，7位London Business School，8位Columbia Business School，9位HEC Paris，10位University of Chicago: Booth。日本はトップ100には1校も入っていませんが，中国本土からは7校，香港2校，シンガポール3校，韓国1校がランクインしています。

　一般的に歴史が古いというだけで高い評判を得る訳ではありません。100 Most Popular Business Schools in Europe 2020で1位になったESMT

（European School of Management and Technology）は（FTでは世界81位），2002年に設立された比較的新しいビジネススクールですが，世界中から高いレベルの教授陣を集め，優れた研究・教育内容を誇っています。ドイツの主要企業が協力して創ったビジネススクールで，少人数教育を行い，授業料は600万円程度するそうですが，優秀な学生が集まっています（最近トップクラスのビジネススクールの授業料は高騰気味で，1,000万円を超えるところも少なくありません）。伝統校だからというだけでランクが高いということではなく，優れた教授陣による良い教育内容だからいい学生も集まり，卒業生の評価も上がり，ランクも上がるという構図が見られます。

　THEの他に，QS（イギリスの大学評価機関Quacquarelli Symondsによる運営）やARWU（上海交通大学によるAcademic Ranking of World Universities）などの世界ランキングがあり，評価基準が少しずつ違うため大学ランキングも変わってきますが，これらは課題もありながら広く受け入れられています。

大学ランキングとマーケティング戦略

　ところで，ランキングが広がってきた背景には留学ビジネスでの国家的なマーケティング戦略があるという指摘もあります（苅谷剛彦「東大がオックスフォードに勝てない理由」インタビュー，Yomiuri Online，2017年8月13日）。THEのランキングが始まったのは2004年。苅谷氏は，「ロンドンの金融街シティーは世界中から人や金を集めてきましたが，同じことがイギリスの大学で起きています。ランキングはイギリスの大学が海外から学生や寄付金を集める上でブランディングの機能を果たしています。」「それほど対策をとらなくても留学生が集まるアメリカに比べ，イギリスの方がランキングの結果が留学生増加に結びつく傾向が強いこともわかっ

ています」と指摘しています。

＊アメリカ，イギリス，オーストラリアといった英語圏の大学では，留学生が大きな収入源となっており，地域にも大きな経済効果をもたらしています。アメリカではNAFSA：Association of International Educatorsによると，留学生のもたらす経済効果は約410億ドル（2018-2019），イギリスではUniversities UKによると約260億ポンド（2014-2015），オーストラリアでは政府の報告書（The Value of International Education in Australia）によると約200億豪ドル（2014-2015）となっています。ただし留学ビジネスにとって2020年のコロナ禍による留学生の減少は大きなダメージとなり，大学は収入減から研究費や給与にも大きな影響を受けています。

　日本では，このような国際ランキングは我が国とは視点が異なるとか，評価基準に問題があるなどの批判がみられます。もちろんより良い評価基準についての議論は必要です。しかしながら，大学における研究・教育の国際化が大きく立ち後れていることを傍らに置いて，ランキングの批判をしているだけではますます後塵を拝することになります。それぞれの国・地域において求められる魅力的な大学づくりをしていくことは必要です。同時に，ランキングはその評価指標の選択や指標のウェイト付けなどに課題を持ちながらも，グローバルな大学市場において受け入れられており，この競争を無視することは難しくなっています。日本の国立大学は，2016年から３つの類型（１．世界トップレベルと伍した卓越した教育研究，２．専門分野の優れた教育研究，３．地域貢献）がなされていますが，とくに世界トップレベルを目指す大学では，いかに国際的な競争力を付けるかが大きな課題となっています。日本の大学は国内市場の中だけで長らく競争してきており，また大学・大学院での教育に期待しない社会の風潮があるため，グローバル市場という視点を欠き，競争力を失ってきたと言えます。優れた留学生や研究者を海外から引きつけるためには，どのような努力が必要なのでしょうか。より良い研究環境（研究資金）をつくり，グローバ

ルなネットワークとつながりながら，より良い教育・学習環境を整えていくことが求められています。

低下する日本の産業競争力

最後に，日本の国際的な産業競争力に関するランキングを見ておきましょう。スイスのビジネススクールIMDの世界競争力ランキング2020によると，日本は34位（63か国中）で年々ランクを落としています。また，同じくIMDの世界人材ランキング2020によると，日本は38位（63か国中）で，表1－1にあるように初等中等教育までの教育はまだ高い評価がありますが，大学教育になると大きく落ち込んでおり，重要な項目では下位に低迷しています。経営幹部の英語力や国際経験の低さは，国内志向であったことの表れと言えます。このような評価の現状をしっかり理解し，反省する必要があります。

表1－1 IMDの世界人材ランキング（63か国中）2020年

項　　　目	順位
経営幹部の国際経験	63位
有能な経営幹部がいる	61位
大学教育が競争経済のニーズにマッチしている	52位
語学力が企業のニーズにマッチしている	62位
15歳児の能力評価（PISA学習到達度調査）	5位

Column
日本では見かけない多様な大学の姿

　世界には様々なスタイルの大学があり，日本の大学のイメージだけでは捉えきれないケースがたくさんあります。一定の敷地の中に各学部棟があるという典型的なタイプばかりではありません。ここではキャンパス・建物や設置の経緯に関して面白い大学を少し見てみましょう。キャンパスとは，基本的に大学の敷地を指す言葉ですが，そこで学ぶ学生や教員たちがかかわり合う場というように広く理解する方が，多様なスタイルの大学を捉えるには良いように思います。

　例えばドイツのベルリン自由大学Free University Berlin（FU）のキャンパスはユニークです。ベルリン南西部にあるダーレム地域に様々な建物が広く点在しており，鉄筋の新しいビルがまとまって建っている所もありますが，一般の大きな家をそのまま買い取って内部をリノベートしたものもあり，次の写真のようにちょっと見ただけでは大学なのかどうか見分けが付きません（入口に青い色のFUのプレートがあれば大学です）。一般の住宅や教会，緑豊かな公園などと共存した，独特の雰囲気のある大学です。

　そもそもFUは第二次世界大戦後，共産主義を嫌った西ベルリンの研究者が1948年に設立した大学です。学問の自由を求めたことから自由大学という名前がついています（他にヨーロッパに自由大学という名前のついた古い大学がいくつかありますが，それらは基本的に宗教的なドグマや独裁体制からの学問の自由という意味が多いです）。ダーレム地域はもともと

農地や大きな住宅が点在していたところで，そこに戦後様々な学部や研究所の建物が次々と建てられたり，民家を買い上げたりして広がっていきました。中心的なエリアは地下鉄で3駅ほどの間に，学部の建物や専門分野の研究棟が散在していています。新入生は地図を片手に，授業が行われる教室のある建物を探す必要があります。日本の大学のように，大学敷地内に学部ごとの建物があることをイメージしていると，全く異なります。またLondon School of EconomicsやベルリンのHumboldt大学などは大都市の中心部にあるため，古い中心的な建物はありますが，買い取った周辺のビルやまたビルの何フロアーかにオフィスや教室が分散しており，どこにどの研究科があるかわかりにくい例もあります。

Free University Berlinの研究棟の中には，一般の民家をそのまま使い内部をリノベートしているものもあります

　もう一つ，同じ名前のついた二つの大学がそれぞれ独立したキャンパスを持っているという不思議なお話。ベルギーのブリュッセル自由大学は，フランス語系Université libre de Bruxelles（ULB）とオランダ語系Vrije Universiteit Brussel（VUB）と，それぞれに独立した大学として存在しています。19世紀に創設されて以来，もともとフランス語で授業が行われていたのですが，オランダ語圏の人々の権利の主張から言語戦争が起こり，1971年からオランダ語のグループが分裂し，どちらも日本語に訳

せは「ブリュッセル自由大学」となる二つの異なる大学が併存しています。すぐ近くに同じような学部を持ったキャンパスがそれぞれにあり，交流が活発になされています。しかしVUBでは今や英語での研究，授業が増えているようです。

　また，フランスのブルターニュ地方にあるレンヌ大学も，レンヌ第1大学Université de Rennes 1とレンヌ第2大学Université de Rennes 2と二つの独立した大学のキャンパスがあります。こちらは言語ではなくイデオロギーが原因で，1968年のフランス5月革命の際に，大学改革再編の動きとも関係して，5月革命推進派（第2）と穏健派（第1）に分裂しています。こちらもすぐ近くにキャンパスがあり，統合の話が出ては消えているようです。

大学教授の仕事とは
──研究・教育・大学運営・社会貢献

　大学教授に関して書かれた本はたくさんあります。教授になる方法や教授の生態を批判的に書いたもの，あるいはノーベル賞受賞者の伝記や自伝などもあります。ここでは，特別な才能をもった人のことではなく，普通の大学教授がどのような仕事をし，研究者として何が求められているかということについてまとめてみようと思います。

　その仕事を分類すると，「研究」「教育」「大学運営」「社会貢献」と大きく4つの柱があります。医学部ならこれに「臨床」というもう1つ重要な柱がありますが，以下では先の4つの仕事について順に考えていくことにします。

2-1　研究

　4本柱の中で最も重要な仕事は「研究」です。まず，アカデミックな研究があり，そして教育があります。教員の採用や昇進にあたっては，その研究業績が問われます。しかし，日本では採用基準や教授昇任基準は必ずしも厳格ではなく，大学によってもその差は大きいのですが，一般的にそのハードルは低く，海外の主要大学とは比べようがありません。教授会における教授昇任の審査は，人文・社会科学系の多くの大学では形式的なことが多く，准教授の在任年数と論文の本数が一定の要件を満たせば昇任させてきました。中には単著の専門書（日本語）を求める大学もありますが，海外Journalの論文が求められることはなく，審査のない学内紀要の論文も業績としてカウントされます。

アジアの主要大学と日本の違い

　しかしながら，アジアにおいて国際的な競争を意識する大学は，もっと厳しい基準を持っています。大学における人事評価や仕事の環境は，アジ

アの中でも中国，香港，韓国，台湾，シンガポールなどは大まかにまとめると欧米型で，日本とは全く異なる基準で動いています。例えば台湾の国立大学では，准教授が教授に昇進する審査においてはJournal（主要データベースに収録された）に出版された論文が求められるようになっており（トップ校ではAランクのJournal論文が求められています），審査委員会は外部の教授5－6人で構成されるというように厳格なスタイルを取っています。韓国では国際的な競争力を高めることに寄与することが大学の責務とされており，教員の業績は主にJournalの論文数で評価されるようになっています。論文の本数だけを評価することに対する批判も出ているようですが，国際化対応への流れは強くなっています（佐藤，2018）。

　もちろん日本の研究者の中にも留学し，学位を取ってそのまま海外の大学で職を得る，あるいは日本の大学にいた人が業績を評価されて海外の大学に出て行くこともあります（経営学の領域ではまだ少ないですが）。しかし，海外の大学で学位を得ても，日本に戻り，職を得ると国内志向になってしまうならば，それは惜しいことだと思います。欧米の大学を学びに行く場と捉えるのではなく，共に研究や議論をする場であると認識し直し，インターナショナルな視点を忘れずに継続して活動して欲しいものです。研究者の国際的ネットワークの中にいて活動すること，国際的な移動が増加することは望ましいと言えます（1章参照）。「研究」については次章で詳しく考えていきます。また研究費獲得については第3章で触れます。

　　＊日本の大学では社会人教員が増えています。企業，政府，NGOなどでの高い専門的な経験を有する人が，実務家教員として現場と大学の接点に立って学生に話をすることや，現場とつなぐことが期待されています。専門職大学院にとどまらず学部レベルにも増え，人材の多様化に寄与していると言えます。もちろん，専門の学位や研究業績を求めるものではありませんので，社会人教員の役割と割合については慎重に検討しておく必要があります。

2-2　教育

　それぞれの専門領域において「教育」があります。大教室での講義から少人数のゼミまで様々な形態で行なわれています。初学者向けの導入的な授業では，高い専門性よりもわかりやすさが求められますが，専門課程においては，時事解説や教科書をなぞるだけでは大学の講義としては不十分です。教授は最近の話題をわかりやすく解説し，そして学生は準備もせず受け身でそのお話を聞く，というような講義スタイルは変えていく必要があります。

日本の学生はなぜ勉強しないか

　ところで，日本の学生は勉強しないということは，国際的な調査でも明らかになっています。日本の大学生（社会科学系）は家でほとんど学習しない〈0時間〉が20％，〈週5時間以下〉を合わせると70％に達し（高校3年時には半数以上が1日3時間以上勉強していたにもかかわらず），アメリカでは学習時間が〈5時間以下〉というのは15％に過ぎないと報告されています（東京大学 大学経営研究センター「全国大学生調査」2007年，2018年）。多くの学生の4年間は，アルバイトとサークル活動，旅行，資格の取得などに多くに時間が占められています。ただ，すでに指摘したように，これは個々の学生の問題ということにとどまらず，根本的に社会の問題でもあります。

　日本の社会は，学生が大学で学ぶことに大きな期待を寄せてはおらず，学生側もとくに頑張らなくとも卒業できることが分かっているので，事前準備や課題，議論を求めない授業を取る傾向があると言えます。また，ほとんどの学生は日本国内の企業に就職し日本語で事足りるので，留学にも積極的にはならない現状があり，英語学習においても異文化を学ぶという

ことより，資格を取ることに目的が置かれています。とくに企業はその採用において，学生がどういった勉強をどれくらいしてきたかを評価することはあまりありません。求める人材が，基本的に会社の中でみんなと一緒に頑張れる協調性，そこでのコミュニケーション力，行動力・リーダシップのある人で，これらは過去何年も変わっていません。企業における組織文化，働き方，評価方法は変わりつつあるものの，根本的にはなかなか変わりません。学業以外の経験の方が評価されるような環境では，学生は勉強に打ち込まないでしょう。そこに教授する側の多くも同調し，とくに準備をしなくても単位が取れる授業を生んできました。同時に，丁寧な授業をしても報われないと思う人も少なくありません。そして，企業はそのような大学での成績など評価しないという悪い循環がみられます。したがって，この構造全体を見直す必要があるのですが，まずわれわれが取り組むべきは，カリキュラムについて広く浅く知識を得るというスタイルから，狭く深く学ぶスタイルに変えていくことにあると思います。学生は，現在のように1週間に15〜20コマも履修するのではなく，履修科目数を絞り，集中して勉強することが求められます（同様のことは苅谷・吉見，2020でも指摘しています）。教授する側も学ぶ側も準備して「講義を成り立たせていく」というように意識を変えなければなりません。一方向的に「話す→聞く」という講義スタイルではなく〈知識の伝達〉，事前の課題・準備を含め，読み・書き・議論することを通して学生自身が学び取っていくようなアクティブな講義が求められています〈考え方を学ぶ〉。したがって，教授側も学生側も，準備のために時間をかける必要があります。さらに現実の社会的・経済的課題については，大学での授業と並行して，現実感覚を養うことも不可欠です。そのためには，インターンシップやボランティア活動などを通して国内外の現場を経験する機会を増やしていくことも求められます。それも行きっぱなしではなく，教室での学びと結び付けてい

く工夫が必要です。

　台湾の大学で教えていた時，どこの国の学生が一番勉強しますかと質問されたことがありました。どこの学生が一番なのかはわからないけれど，少なくとも日本の学生はあまり勉強しないと答えると，多くの学生は驚いていました。日本人は勤勉だというイメージがあるので，大学生が勉強しないということが意外だったようです。学生時代に読み・書き・議論するという基本的なトレーニングをきちんとしないということでは，日本社会の将来の基盤を弱めることになると思います（いやもうなっているかもしれません）。

▍責任あるビジネスリーダーの育成

　ところで，近年主に欧米の大学では，グローバル市場において責任ある企業経営をリードしていくビジネスリーダーの育成が求められています。責任ある企業活動をリードしていくビジネスリーダーを育てるための国際的な「責任ある経営教育原則（Principle for Responsible Management Education：PRME）」が2007年からスタートしています。これは国連グローバルコンパクトなどが唱導している責任ある経営に関する教育・研究を支援するプラットフォームです。国連グローバルコンパクトとは，CSRを推進するための行動規範（人権・労働・環境・腐敗防止）で，1999年から企業に自発的な取り組みを促し広がってきています。責任ある企業経営を行っていくビジネスリーダーの育成がさらに求められるようになり，ビジネス教育において持続可能な企業と社会の関係を考えていくことをミッションとしているPRMEには，現在800を超える大学やビジネススクールが調印しています。そこでは持続可能な発展を担う次世代のリーダーを育てていくように，関係するステイクホルダーと対話・協働しながら取り組みが進んでいます（谷本，2020）。さらにビジネススクールの国際認証

AACSBでは，2013年からその認証基準としてCSRに関連する課題をカリキュラムや研究活動に組み込むことを義務付けるようになっており，その重要性が急速に認識されてきています。しかしながら，日本ではまだ十分理解されているとは言えない状況です。このAACSBの認証を受けた大学は，2020年5月現在，日本5校に対し，台湾26校，韓国18校，中国39校（うち香港7校）となっています。

2-3 大学運営

　次に，大学・学部の運営にかかわる仕事があります。大学は各学部の教授会から構成されており，すべての教員はそれぞれの教授会に属し，様々な委員会（教務，学生，入試，広報，就職など）の委員になって仕事をしています。大学には理事会，評議会，経営協議会など，全体の経営を推進していく組織がありますが，そこでも外部から招聘された委員とともに仕事をしています。近年では，この大学法人，学部運営に直接かかわる仕事が増えています。その管理・運営に必要なトレーニングを行うスタッフ・ディベロプメントや，授業内容・方法を向上させるファカルティ・ディベロプメントの準備，運営もあります。さらに研究費獲得にかかわる事務作業量が増え，忙しさが増している現状があります。日本の大学学長への調査でも「研究力の低下」を指摘する声は71％に達しており（朝日新聞2020年2月18日），厳しい現状に直面しています。とくにこの20年ほどは，国立大学の運営費交付金や私学助成といった基礎的経費は減少しており，外部からの競争的資金（公的・私的）を獲得するためにかかわる業務に忙殺されている現状があります。人文・社会科学系の研究に必要な資金は理系ほど大型ではなく，申請手続きも最近は大学が支援するようになってはいますが，継続的に獲得するために毎年のようにその作業にかかわるには少

なからぬ時間がとられます。

研究と給与はリンクしていない

　ところで，教授は大学での教育とこの運営にかかわる仕事をすることで，年功序列の給与をもらっています。何年も論文を書いていない教授がいる一方，高い業績をもつ教授もいますが，研究と給与は多くの場合リンクしていません。そのことを嫌って海外の大学に移る有能な人もいますが，しかしそれはごく少数であることはすでに述べた通りです。また，海外の優秀な研究者を引っ張って来ようとしても，低い給料や平等主義的な労働条件が足かせになっている難しい現状があります。日本の大学は他の日本の組織と同じく終身雇用ですから（一部任期付き教員を除き），一度就職すると大きな問題でも起こさない限り定年まで職は保証されます。そこにはメリットとデメリットがあります。短期間で成果を求められることなく，落ち着いて長期的な視点をもって研究できる研究者側のメリット。しかし，そのことに安住し，業績がなくてもとどまっていることの大学側のデメリット。このように，日本の大学の人材流動性が欧米の大学と比べてとても低いのは第1章で見た通りです。

　以前，イギリスの大学教授と研究者のモチベーションについて話をしていた時，日本のこのような実態について話をしたら非常に驚いていました。イギリスの多くの大学では，研究論文と研究費獲得について目標（target）を立て，それが達成されたかどうか定期的にチェックされています。これはなかなか厳しいシステムですが，とくにここ10年余りは，中堅クラスの大学ではリストラが行われていますので，厳しく評価がなされています。一方，評価体制のない日本の大学ではどのように研究者の研究インセンティブが働くのか，どうチェックしているのかと聞かれました。実際には，明確で厳格な評価システムもインセンティブのシステムもあり

ません。国公立大学で2000年代に入って以降，教員評価のシステムを導入してきましたが，形式的でなかなか実質的には機能せず，モチベーションの向上につながるものではありませんでした。研究は個々人の自主的な取り組み姿勢に100％依存しており（研究を積極的に支援する大学もある一方で，教育中心で研究に消極的な大学もあります），これまで厳格なチェック体制はありませんでした。

2‑4　社会貢献

　最後に，教授の「社会貢献」活動についてお話しします。これにはそれぞれの分野の専門家として政府の審議会や委員会，企業やNPOの役員やアドバイザーを務めたり，一般啓蒙書を書いたり講演をしたり，社会的な活動にかかわったりと様々にあります。これも研究者としては大事な活動の一つです。研究に基づいた言説が，現場でも通用する力を持っているかどうかが試されます。日本の学界では，長く産学協同を嫌い，距離を置くべきだという強い声がありました。しかし，学界と実務の現場をつなぎ，研究成果を政府の政策に生かしたり，新しい仕組みづくりや組織のパフォーマンスの向上に生かし，より良い経済社会をつくっていくことはとても重要なことだと思います。一方で，異なるセクター間の連携は容易なことではなく，成果を出すためには十分な調整と経験が必要です。また，大学や研究者は独立した立場にあることを忘れてはならず，政府や産業界の「御用学者」にならない強い意志が求められます。

研究とのバランス

　大学教授は，研究に基づかない思いつきのような発言を公の場ですることを厳に慎む必要があると思います。研究と言っても，一定の条件の下で

なされた分析結果を単純に一般化して議論することには注意が必要です。専門領域外のことにまで適応可能のごとく敷衍して安易に風呂敷を広げて語ることは慎まねばなりません。また，現状の調査・分析に基づかず，思想的・哲学的思索で現代社会や学問を論ずることにも気をつけなければなりません。

　アカデミックな研究を置き去りにして，この手の仕事ばかり引き受ける姿勢には注意が必要です。もちろん何に価値を見出し，目標とするかは個人の自由ですが，若い時からこういったドメスティックな市場でプレゼンスを高めることに注力していると，アカデミック・コミュニティから遠ざかってしまいます。日本では，メディアへの露出頻度が高いことが社会から評価される大きな基準になっていますので，もっぱら啓蒙書を書き，メディアに登壇する先達をみて，それを目標とする人も少なくありません。言説もブームの中で消尽されるという市場社会の現状を理解した上で距離を保ちながら，研究者としての基盤を失わないようにして欲しいと思います。大切なことは，本来の研究とのバランスをとることです。研究上の成果を持った上で，政府や国際機関などの専門的な仕事を行うことや，セクターを越えて活躍することもあります。研究成果をもたず，実務に近い現場で仕事を引き受けることが「実学」だと勘違いすることなく，若手研究者は自分の研究に集中して欲しいと思います。

2-5　日本の大学のアドバンテージ

　以上をまとめると，大学教授にとっての4つの柱のうち「研究」が基本で，それに基づいて「教育」があると言えます。どちらも基本的に各教授の自由裁量に任されていますが，日本では研究への評価・支援は積極的とは言えず，海外の大学と比べ大きく差をつけられています。大学・学部運

営のため「大学運営」の仕事があり，給与はこの仕事と教育をベースに支払われており，研究については実質的に考慮されていません。近年では，大学運営にかかわる仕事量が増え，なかなか研究時間が取れなくなっている実態があります。「社会貢献」もそれぞれの自由裁量に任されていますが，そこにもっぱら時間を割くのではなく，研究・教育とどう調整していくのか，研究者としての規律が求められます。仕事への取り組み方は，各人の裁量に委ねられています。したがって，同じ大学教授と言っても人によって仕事のスタイルや成果も大きく違ってくるわけです。

　また，日本の研究者の流動性はとても低いということを指摘しましたが，国際的には大学教授の人材獲得合戦，引き抜きは非常に活発です。高い評価とより良い労働環境，報酬を求めて移動するのは一般の労働市場ではみられることですが，大学の世界でも同様です。私の研究分野でも，とくに欧米の大学で人の移動は活発です。日本の大学では，こういった国際的な流動性は人文・社会科学系ではまだまだ低いと言えます。

　日本では，一旦正規に採用されると終身雇用であり，研究業績が上がらなくても解雇されることはありません。成果が出ても出なくても処遇に大きな差はないため，インセンティブが働きにくく，そこに安住する人を生み出してしまいます。それが流動性を妨げている原因の一つになっていると言えます。それは企業でも同じで，先に指摘したように，日本の労働市場には，オープンでフェアな競争と評価があるわけではありません。日本の大学システムも問題が多いのですが，しかし逆に言うと日本では若い時から雇用が保障され，ゆっくり落ち着いて研究できる環境にあるとも言えます。就職して3年とか5年の間でめぼしい業績が上げられなければ，テニュアtenure（終身雇用資格）が得られないシステムや，その後も定期的に業績がチェックされるシステムはなかなか厳しいものがあります。その意味では，日本の大学にいることの「アドバンテージ」をもっと活かし

ていくべきだと思います。

　ただ，若手研究者にとって，職を得るか得ないか，ここはまさに命がけの飛躍が求められているわけです。学位取得後，数年のポスドクや任期付き雇用，そこから国内で正規のポストに就くチャンスは近年では減っているため，安定して研究を続けていくことが難しくなっています。このような状況において，日本の大学は研究支援の体制を見直す必要が求められています。と同時に，より広い世界で挑戦する力をつけることも私は期待しています。

　日本の大学，学界は内々の評価にとどまり，国際的な評価とは距離があります。同じ組織に長年所属している人が優遇されるという体制を見直す必要があるでしょう。そもそも個々の研究者は専門職ゆえに，その意識と姿勢を変える必要もあると思います。日本の大学も研究者もインターナシ

図 2-1 ｜ 研究者の野心の推移

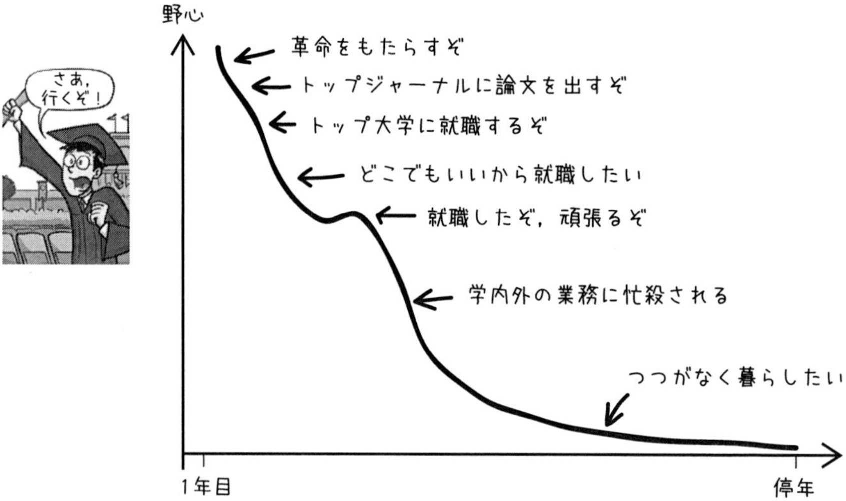

野心

さあ，
行くぞ！

革命をもたらすぞ
トップジャーナルに論文を出すぞ
トップ大学に就職するぞ
どこでもいいから就職したい
就職したぞ，頑張るぞ
学内外の業務に忙殺される
つつがなく暮らしたい

1年目　　　　　　　　　　　　　　　　　停年

出所：http://phdcomics.com/ より。加筆修正しています。このサイトには，PhDの学生の悲哀を描いた1コマや4コマ漫画がたくさん掲載されています。

ョナルなアカデミック市場で評価を受けられるかどうかが問われている時代ですから，広い市場でポストを得て移動することにもチャレンジして欲しいと思います。

　大学院に進学した当初は，誰しも希望と不安を抱えながらも研究者として自立していくことを目標に一生懸命勉強しているものです。しかし図2－1にもあるように，論文を書いたり，大学に就職する際の壁にぶつかったり，さらに就職しても大学の学務にかかわる仕事に忙殺されることで，だんだん力の限界を感じてくるものです。外部の仕事の魅力に引き込まれると，ますます研究から遠ざかっていく人も増えていきます。研究者になろうとした当時の初心を忘れず，自分で限界を設けず，頑張って欲しいものです。継続して研究に取り組み，成果を出すことがプロだと言えます（第7章参照）。

Column
契約書のない世界

　日本の大学教員の採用については，内々の紹介ではなく「公募」が主流となってきています。国立研究開発法人科学技術振興機構が公募情報をまとめたJREC-IN Portalがあり，研究者のためのオープンなポータルサイトとなっています。もちろん公募といった場合でも，100％オープンなのかどうかは外からはわかりにくい場合もあります。人を引き抜くことを大学では「割愛」と言います。伝統校ほど内部出身者が多いのは日本の特徴です。それは欧米の大学との違いの1つで，偏りすぎると組織や研究の停滞につながります。大学や研究の国際化の中，人文・社会科学系もそれぞれの専門分野で広く海外市場からも採用し始めています。

　ただ，日本の多くの大学では国内での採用を前提としているため，海外から人を採る場合も，採用にかかわる手続きやプロセスは従来のルールを前提としています。日本の大学・学界では，コンセンサスと信頼に基づく取り決めや慣習があります。したがって，海外から人を採用する際にはいろいろと齟齬が出てきます。雇用や給与の条件，教学に関する詳細が事前に交渉で決められるわけではありません。契約書を交わすことも基本的にありませんし，具体的な給与，着任に関する条件，職務（授業の担当コマ数や大学運営にかかわる仕事など）に関する条件は採用を決定してから内規に従って通達することが多く，海外の大学から日本の大学に来る人はとても戸惑うことになります。給料体系は基本的に年功に基づいており（職務の級と号俸によって機械的に決まっており），海外の有能な人材を引っ

表2-1 | 新学期の開始時期

2月	オーストラリア，ニュージーランド
3月	韓国
4月	日本
9月	北米，ヨーロッパ主要国，中国，ロシアなど

張るため柔軟に対応しようとする動きはまだ一般的とは言えません。英米スタイルのように，昇進や昇給，サバティカル・リーブ（研究休暇）の取得に至るまで交渉によるのとは大きく異なります。日本では採用プロセスも時間がかかり，担当領域を中心とした人事選考委員会による面接後，最終候補者が教授会に推薦され，審議・承認を経て，学内の人事委員会，学長による雇用決定通知は年度の終わり近くになることも多く，海外から移動する場合大学歴（academic calendar，表2-1）が合わず，不都合が生じることが多いと言えます。

　ところで，明確に文書化された契約書がないということは大学のみならず，日本では他に例えば出版社から本を出す場合でも，著者と出版社の間で契約書を交わすことは，これまでほとんどありませんでした。私も日本の出版社とは一度も契約書にサインしたことはありません。これまで，書き手と出版社（編集者）の間の信頼関係で成り立っている部分が大きく，欧米の出版事情とは全く異なります。そこでは二者間で互いの意思が確認され，出版にかかわる最低限の規範を共有する信頼関係の中で実行されるという関係があるのだと思います。欧米の出版社では，例えば内容のチェック，原稿引渡しや発行の期日，増刷に関する規程，さらに著作権にまつ

わる細部に渡る確認などが事前に行われます。最近は著作権について日本でも無視できない状況があり，出版権，電子媒体などへの複製の権利許諾管理などは出版後に確認することもありますが，出版そのものに関する内容は基本的に明文化されていません。ただ，そこに拘束力や規律が全くないという訳ではなく，関係性の中で共有される互いの信義のうちにあると言えます。当然のことながら，それを共有できない外部者にとっては，とても分かりにくいあいまいなシステムだということになります。

　私が客員教授として海外の大学に滞在した際は，契約書を交わしています。契約期間中どのようなステイタスで，何をすべきか，報酬，その支払い方法，学内で守るべき規律などが記されてあり，最後にサインをします。もちろん，どの国においても研究者の信頼関係がベースにあって，その上で基本的な決まり事について契約書を交わすということです。日本の大学においてはそのような契約書を交わしたことは一度もありません。

3

研究とは

3-1　誰に，何を，なぜ，どのように

　これまで日本の多くの研究者は，欧米の先端の理論を学びそれを解説，論評したり，あるいはその枠組みをもとに日本の企業・社会を分析してきたのですが，日本の企業，社会の分析から新たな理論的・実務的なインプリケーションやオリジナリティを示せなければ，アカデミック・コミュニティには貢献したとは言えません。もちろん，Journalに発表しなければ議論の俎上にも上がってきません。日本の独自性を生かして世界にインパクトのある研究を発表していくことが求められています。日本人であるアドバンテージの一つは，日本語が読めること，日本の企業，社会の事情に精通しているという部分があります。表面的な調査や分析ではなく，深く理解し，それを共通の言語で著し議論することは強みであるはずです。

　さて，本章ではそもそも研究とは何か，研究者として求められることは何か，研究費の獲得，最後に研究者としての立ち位置について考えていきたいと思います。

　研究を進め論文を書いていくに当たっては，いくつかの基本的なポイントを踏まえる必要があります。現在Manchester大学に在籍しているTimothy Devinney教授は，2014年ベルリンのHumboldt大学で行なわれた第6回International Conference on Corporate Sustainability and Responsibilityでのドクトラル・ワークショップにおいて，研究論文には次の基本的な問いがなければならないとレクチャーしています。

(1)　誰に（To Whom?）：誰に読んでもらいたいのか？

(2)　何を（The What?）：何を伝えたいのか？　あなたの貢献はどこにあるのか？　それは「誰に」の問題ともかかわります。

(3)　なぜ（The Why?）：なぜそれを主張したいのか？　それもまた「誰に」ともかかわります。

(4) どのように（The How?）：自分の考えていることが学界や実務界に
どのような意味があるのか？ それはまた彼らに伝わる「言葉」で書か
れているか。

　自分は面白いと思っていても，他の人が関心をもってくれるとは限り
ません。調査・分析を行う前に，とくに何を誰に対して明らかにしたい
のか，それは学問的に意義のある研究なのか，基本的な問題関心・問題
提起を明確にすることが重要です。

　研究者が論文を書き出版するということは，誰かに何かを伝えたい，こ
れまでにない何か新しいことを著したいという思いが基本にあります。
「誰に，何を，なぜ，どのように」を常に意識し，研究を進めることが大
切です。論文は読まれ理解されなければ意味がありません。Gastel and
Day（2016）は，「科学的なコミュニケーションは双方向のプロセスであ
る」と述べています。自己満足や単なるノートで終わっていてもいけませ
ん。それではもちろんJournalの審査にパスしません。以下では，いくつ
かのポイントをまとめておきましょう。

研究のポイント

　まず，中長期的な視点で自分のテーマを定め，それに向かって現在取り
組んでいる研究を位置づけるという姿勢が求められるでしょう。物理学の
教授である長谷川氏は，プロの研究者は一本の筋の通った一連の論文群を
出すことで評価される，と述べています（長谷川，2015）。短期的な視点
で研究をばらばらに行っていては，継続的な研究はだんだん難しくなって
いきます。論文主義に陥ると，もっぱら論文になりやすい，データの集め
やすいテーマばかりを探る，またブームになっているテーマを追う，とい
うことになりがちです。そうなると研究の体系化は望めません。自分がど
のような研究領域に貢献しているのかを常に意識して論文を書くことが必

要です。その分野のエキスパートをめざす，そういう仕事の延長上に，一冊の著書として体系的に研究をまとめることも，社会科学では重要なことだと思います。国際的には，採用，昇進，資金獲得競争において著書は評価されない状況があります。しかし，若手研究者の時ではなく，中堅になる頃にはそれまでの研究をまとめ，一つの体系化を試みることも重要だと思います。いずれにせよ若い時から，大きな研究目標の中に今自分がしていることを位置づけながら研究を進めていくなら，途中で迷いが生じても原点に立ち返り，見直すことができると思います。

　次に，若い時に基本的な研究方法を学び論文の作法を学ぶことはとても重要です。同時にその研究が企業・社会において問われている問題にどういう答えやヒントを示せるのか，どのような貢献があるのか，これまでの議論に何を付け加えることができるのか，説得力をもって説明できなければなりません。そして当該領域の研究者のみならず，他の領域の研究者や，現場で取り組んでいる実務家に対しても自らの研究の意義について語れることがとても重要です。

研究が独善にならないために

　ノーベル生理学・医学賞を受賞した利根川進教授は，次のように厳しい指摘をしています（立花・利根川，1990）。大半の学者は何が本質的に重要で何が重要でないかの見分けをつけることができず，どうでもいいことを追いかけている。論文を書き，学会や紀要で発表していれば，自分では何か重要なことやっている気がする。しかしサイエンスの側から見たらNobodyだ。重要なものが何か判断できる能力を身につけるためには，研究の中心にいて研究動向を知り，センスを磨くことが不可欠だ，と。たしかに，自分の研究テーマの将来性を見極め，研究方法や議論が独善的にならない努力をすることは，とても大切なことだと思います。

3-2 研究者に求められること

　以下では，研究者が研究をし，論文を書いていくに当たって大切なこと，
(1)現実感覚，(2)哲学，(3)ディシプリン，(4)方法，(5)論理的思考，(6)倫理，
についてまとめていきます。

(1) 現実感覚

　研究のための研究に陥らないためには，今の企業・社会において解決が
求められている問題を知る現実感覚（sense of reality）が必要です。単に
ブームの目先のテーマを追いかけるのではなく，企業や社会の持続可能な
発展に何らかの貢献が期待できるかを考えましょう。現実感覚を得るには
現場に出て具体的な課題を知ることや，とくに若い時期にインターンやボ
ランティアで企業や社会の現実に触れることも大事です。常に現実社会の
課題と向き合い，これまでの議論の上に何を付け足すことができるのか。
研究室に閉じこもり過去の論文とデータを見ているだけでは，研究の意義
を示すことができなくなります。研究者には常に理論と現場の間でフィー
ドバックしながら，その研究能力を高めていくことが望まれます。

(2) 哲学

　なぜその問題を取り上げるのか，何が問われているのかを考える際，現
代社会における経済的・社会的・政治的・国際的な背景や潮流を捉え理解
するベースが必要です。データを集めてただ相関関係などを分析するだけ
ではなく，まず前提としてなぜその問題を取りあげるか，またその研究に
どのような意味があるのかを明示できなければなりません。最近の大学院

教育において，統計的な方法論にあまりに偏りすぎることで，社会科学者としての哲学や思想のない研究者を生み出している現状は反省されるべきです。哲学は現実感覚と一対のものと言えるでしょう。このことは「誰に」「何を」伝えたいのかということとかかわっています。それは，例えばカンファレンスのシンポジウムなどで議論を交わすときに，哲学的な基盤を持っている人とそうでない人との差は議論の厚みで見えるものです。

(3) ディシプリン

それぞれの学問分野に蓄積された知識や方法などの規律に基づいているか。現象をどのような学問的視点から捉え，分析し，議論しているか。この基盤が弱いと学問的・科学的な研究にはなりません。また学問の細分化が進む一方で，複雑に絡み合った現象を捉えるために学際的な（トランス・ディシプリナリー）研究も必要視されています。私の専門分野である「企業と社会」研究においては，学際的なアプローチが求められています（Schaltegger et al, 2013など）。ただ，若手研究者は学際的な分析枠組みにいきなり挑戦するのではなく，まず既存のディシプリンとそこでの作法に乗っかって論文を書くことが大事です。そこで論文を書き，評価を得た上で，その枠組みでは捉えきれない現実の問題を提示し，新たな視点を求めて学際的な研究に取り組むことを薦めます。

(4) 方法

(1)から(3)を踏まえた上で，当該研究に適切な研究方法，定量的方法・定性的方法を習得し，そのスキルを高めることは重要です。若い時に基本的な方法論をしっかり学んでおくことが大切です。研究方法に関するテキス

トはたくさん出版されていますので，研究を進めながらも常に方法をチェックし，再確認することが望ましいでしょう。

　例えば，統計学の基本については，東京大学教養学部統計学教室編 (1991)，宮川 (2015) など。SPSSを用いた社会科学向けのテキストもたくさんあります。さらに多変量データの解析などについては，必要なときに中級レベルのテキストを参照すれば良いと思います。実証研究の基本的な考え方や方法を解説した田村 (2006) も参考になります。定性的研究については，例えばFlick (2019)，佐藤 (2015) など。ケーススタディについては佐藤監修 (2015) などがあります。さらに，定量・定性の両方を組み合わせ，研究していくことが求められています (Creswell and Clark, 2007; Creswell, 2015など)。

　まずは伝統的な研究方法に乗っかって分析をし，論文を書き，評価されることが第一です。量的方法あるいは質的方法の批判を安易にしたり，偏った捉え方をしないことが大切です。データの収集や分析に当たってバイアスはないか，適切なデータ分析の方法を選択しているか，また適切なインタビュイーを見つけられたのか，インタビューに当たって自分の考えに「誘導」するような質問の仕方をしていないかなど，研究方法の基礎をしっかり押さえておくことが大切です。

(5)　論理的思考

　論理的な思考 (logical thinking)，批判的な思考 (critical thinking) によって議論を行うこと。問題提起から結論に達するまでのプロセスにおいて，データによる裏付けをもとに，説得力のある説明をすることが求められます。このあたりはたくさんテキストがありますが，例えばHunter (2014)，Swatridge (2014) などが参考になります。エビデンス・ベース

の研究は，研究と実務の間でギャップをできるだけ生まないようにするためにも必要です（Rousseau, 2006 など）。また，問題提起から結論に向かうプロセスでロジックが飛ばないように気をつけなければなりません。仮説の立て方，リサーチ・クエスチョンの立て方は妥当か，集められたデータで十分か，その分析に基づいて正しい議論展開ができ結論に結びついているか，常に全体の流れをチェックします。

⑹　倫理

　研究，論文作成に当たって不正行為には十分注意する必要があります。国際的な出版社 Elsevier は，若手研究者向けのキャリアサポートのサイトにおいて（イントロダクションの〈Tips〉参照），研究や出版の倫理に関してまとめています。①研究捏造：データの偽造・改ざん。成果を急ぐあまり，都合の悪いデータや結果を削り落としたり，書き直したりしないこと。分析結果がうまく出ない場合，分析の仕方の問題なのか，データが不十分なのか，そもそも問題の立て方に問題があったのか，しっかり考え直すことが必要です。②剽窃・盗用：他人の論文を許可なく意図的に利用すること。研究のオリジナリティは基本的なことです。注意深くノートしておかないと，意図せざるとも盗用してしまうことがありえます。うっかりミスの言い訳は通用しません。③二重投稿：投稿論文はオリジナルで未発表の研究であることが条件です。一つの論文をタイトルを変え，化粧直しして分割し投稿することは避けなければなりません。

　若手研究者が将来にわたって息の長い研究を続けていくためには，こういったことをしっかり学んでおくことが望まれます。中堅の研究者においても，以上6つのことは常に意識して見直す必要があると思います。

共同研究のチーム戦略

最後にもう1点,「チーム戦略」を付け加えておきます。個人の研究と同時に,共同研究も重要です。メンバーがそれぞれの強みを生かして(弱点を補い合い),一人ではやり切れない調査・分析を行い,多面的な議論を展開することで,より高いレベルの成果が期待できます。とりわけ国内のみならず,海外の研究仲間と連携することで研究の幅はさらに広がります。社会科学の場合,数人でチームを組むことが多いでしょうが,そこでは,研究費の獲得・配分から,研究の進め方・発表の方法まで,研究プロジェクトを進める運営能力が求められます。

3-3 研究費

ここで研究費獲得について少し触れておきます。研究に取り組むためには研究費を獲得することは重要な課題です。研究は紙と鉛筆だけで行えるものではありません。文献,装置や消耗品などの物品購入費,調査や学会報告の際の旅費,さらに人件費,通信費など諸々の経費が必要となります。第2章で触れたように,国立大学の運営費交付金や私学助成などの基礎的経費が減らされており,各教員に毎年割り振られ自由に使える研究費が減り,外部から競争的資金を獲得することが求められています。

政府の科学研究費や民間団体による研究助成金,また海外にも様々な資金獲得の可能性があります。さらに,企業からの寄付金や委託研究などもあります。自分やチームの研究テーマに適したものを探して応募します。科研費も時代に応じて変化してきましたが,年齢や実績に応じて「基盤研究」「挑戦的研究」「若手研究」「国際共同研究」また,「新学術領域研究」などがあり,申請できます。科研費は比較的オープンな競争ですから(ピ

アレビューによる），とくに若手の研究者や少し大きな研究費を必要とする場合は向いています。個人やチームの自由になる資金を獲ることは，研究を進めるに当たって必要不可欠な作業です（所属大学に30％程度の間接経費が引かれますが）。もちろん，これを継続的に獲得することは簡単なことではありません。本書は研究費の獲得方法を解説するものではありませんので，たくさん出版されている科研費獲得の指南書，申請書の書き方に関するガイドブックを参照されることを勧めます。また，各大学にもノウハウが蓄積されており，そのガイドを利用すると良いと思います。

　ただし，科研費を獲ること自体が目標になって，必ずしも論文という成果に結びついていないことも見受けられます。大事なことは，研究費の獲得自体ではなく，また報告書を提出して終わりではなく，論文を書き研究業績としての成果を上げることを忘れてはいけません。多くの大学は科研費獲得額や採択率を誇っていますが，それは国内での競争であって，あくまで質の高い論文に結びつけていく努力こそが大切です。英米の大学においては，研究費をどれだけ獲ってきたかということが高く評価される土壌が強いですが，若手研究者にとっては，もちろん論文の業績がなければ，採用，テニュアの審査では通りません。

3-4　研究者の位置づけ

　ところで，学問は現実の課題に答えるという使命をもっていますが，「役に立つ学問」が求められるという場合には注意を払う必要があります。産業界は常に最新の海外動向や先進的なビジネスケースの紹介・解説，アドバイスを求めています。研究者の役割として，そういった期待に応えることも必要ですし，実務的な要請に答える解説文やビジネス書を日本語で出版することにも意味があります。しかしながら，海外の議論や事例を手

際よく紹介した解説・啓蒙書を書いているだけでは，国内メディア・市場におけるプレゼンスは高まっても，国際的なアカデミックな議論には貢献できません。

　社会や時代の要請や期待は常に移ろい変化します。**2 - 4**でも触れたように，buzz wordや断片的な言説は，市場における商品と同様，消尽されてしまうことに気をつけなければなりません。学問は時代や社会とのかかわりの中で存在しますが，常に変動する動きの背景，時代の潮流を捉え，現象の本質を解明しようとする学問姿勢が求められます。若手研究者には，グローバルなレベルで議論し貢献することを目標に置くことを期待します。

役に立つ学問とは

　「実学」という場合，前章で述べたように，単に大学人が実務に近い現場で仕事をすることを指すのではないということです。研究者の発言には研究に基づく知見が必要ですし，同時に，現場における経験をアカデミックな視点から分析し論文としてまとめていくことも必要です。それがなければ，大学人である必要はありません。また，企業や政府・行政，メディアに密着しすぎ，そこで求められる言説をもっぱら発しているようでは，独立した研究者としての視点を失ってしまいます。研究者の立場については，常に注意を払う必要があります。研究者にはその学問研究のもつ社会的意義を明確にし，社会との積極的な橋渡しの役割を果たしていくことが期待されます。それぞれの分野において，理論の妥当性や説明力が，アカデミックの世界でも現場においても問われます。重要なことは，研究者がその研究成果をその当該領域の課題解決につなげていくこと，そして現場での経験・調査を理論化していくこと，そういった相互の関係性を理解していることです。学問的貢献への想いと，社会を良くしたいという想いやモチベーションの両輪が重要です。

　「良い理論ほど実践的である」と言われます。その研究が理論的な貢献だけを意味するのではなく，具体的な経済・経営，社会活動に取り組む際のベースにある考え方や方向性を示せるものであることを意味します。それはどの立場から実践的なのかという問題もあります。政府・行政，企業経営者のみならず，消費者，働く人々など社会の側からも実践的な議論が必要であり求められます。

　研究のあり方についてまとめておきましょう。表3－1のように4つのパターンに分けることができるでしょう。①先端研究を学びそれを日本の文脈の中で解釈し，社会に紹介する。②国際標準の理論的枠組みをベースに日本の企業・社会を分析する。現実問題としてアメリカ式の国際標準化が進んでいるため，このスタイルでなければJournalにアクセプトされにくいと言えます。③日本の研究から理論的な貢献をする。次章に見るような国際標準レベルを満たしつつ，日本の独自性を生かして世界にインパクトのある研究を発信することが求められています（浅川，2019や藤本，2020なども同様の指摘をしています）。④研究者・大学と政府・企業・NGOが協働し現場の課題に取り組む。トップJournalの論文の多くは，実務的な関連性に欠けているという批判がなされていますが，研究の成果が企業や社会が抱える課題の解決に貢献するという視点も重要です。一般に研究者は，これら4つの組み合わせの中で活動していると言えます。

表3-1｜　研究の位置づけ

	研　　　究	現場／社会との関係
①	先端理論の輸入→解釈・紹介	啓蒙　　　（国内）
②	国際標準の理論的枠組み→日本企業・社会の分析	調査対象（国内）
③	日本の企業・社会の分析→理論構築	〃　　　（国内外）
④	現場の課題に共に取り組む（研究者と社会）	協働　　　（国内外）

　最後に，研究者の立ち位置についても確認しておきましょう。研究者が研究対象を研究するという場合，その関係性は図3－1の［A］のように，研究者が研究対象の外からアプローチするというスタイルが一般的に理解されてきました（表3－1の②，③）。しかし，さらに図3－1の［B］のように，研究者も社会の一員として存在していることを理解する必要があります（表3－1の④）。研究者は研究対象から離れて存在しているのではなく，例えば地球温暖化問題のように，自らの問題としても捉えていくことが重要です。ただ，それは特定の立場に取り込まれ，その利害を代弁することを意味することではありません。図3－1の［C］のように，研究者はアカデミックな世界と企業・社会の現場との間に位置し，それらをつないでいくことが重要な使命の1つと言えます。研究を進めていくにあたって，自らの研究方法を説明しやすいテーマに当てはめて次々と研究対象を変えていくようなスタイルでは，企業・社会の対話に加わり，経済的・社会的課題の解決に貢献していくことは難しいと言えます。社会科学に求められることは，何らかの課題の解決に研究者としてかかわり，共に考え，アカデミックに分析し，建設的なインプリケーションを示していくことにあると言えます。

図3-1｜　研究者の立ち位置

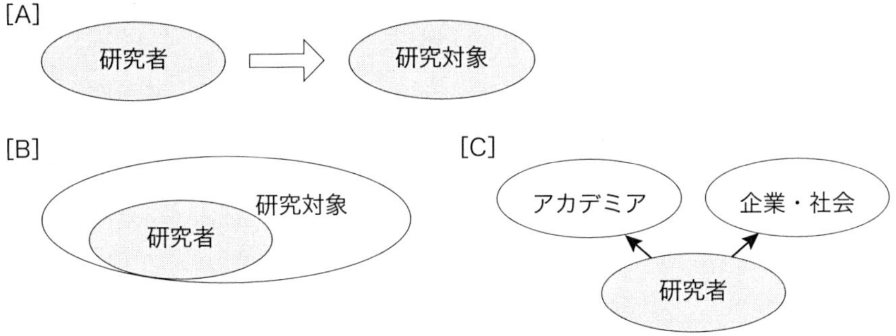

出所：谷本（2017）p.151

Column
学問と社会・教養

　学問と社会の関係について触れておきます。学問の流行り廃れは，社会や政治の要請，時代の要請と深くかかわっています。例えば，CSRの問題はかつて日本の企業社会では関心は低く，学問的関心も高くなく，当該領域を専門とする研究者は少数でした。科学史論が指摘するように，一般に企業や社会からの期待や要請の高くない学問領域はなかなか発達しないと言えます。自然科学においても同様のことが指摘されています。学問は真理を追求するものですから国内外の社会・政治の動向と一見無関係にあるように思われますが，実際はそれらと密接にかかわっています。例えば政府の政策や予算の配分は，どの分野の科学技術が重視されるかによって決まってきます。かつてJ. R. Ravetzはその著Scientific Knowledge and its Social Problems（1971）において，科学は国家・企業の実利的な利害関心と密接につながり，「アカデミズム科学」から「産業化科学」へと変貌してきたと指摘しています。つまり，純粋に科学それ自体が発達するとは必ずしも言えず，その時代の経済的・政治的関心に大きく左右されるということです。社会科学はその影響がもっと大きいでしょう。当該学問が産業化，経済発展にとって役に立つかどうかが判断基準になっています。日本では明治期の富国強兵，殖産興業，戦後の経済復興，経済成長に大学や学問が役立つかどうかという視点で捉えられてきました。その時その時代の経済的・政治的課題に求められる答えを提示するだけではなく，独立したアカデミズムとして，どのように持続可能な社会をつくっていけ

ば良いのか，世界的な議論に加わり共に示さなければならないのですが，なかなかそうではなかった。個々の研究者はブームを追うのではなく，その根底にある企業，社会の抱える問題を独立した立場から観察し続けることを忘れてはならないと思います。社会的課題への議論・対応も市場の論理，企業の論理に飲み込まれていきますから，ブームに乗った言説などはすぐに消尽されてしまいます。

　ところで，若い時に本（とくに古典）を読むことが大切であるということは，誰しも指摘しているところで，多彩な読書によって教養が培われます。読書量の少ない人は知識量が少ないということにとどまらず，思考力，発想力，そして語彙力も乏しく，良い文章もなかなか書けません。日本語をきちんと書けない人は，英語もきちんと書けるわけがありません。それは語学力というより，論理的思考や表現力の問題です。それがあってのアカデミック・ライティングです。いくら専門の勉強をしても，きちんとした文章が書けないと何を伝えたいのかわかりません。話をしていても同じです。何を言いたいのか話が曖昧，不明瞭な人を見かけます。そもそもイ

左：ロンドン大英博物館，右：ニューキャッスル文学哲学協会

ンプットのない人にアウトプットはできません。書くことも話すことも，まずは読むことからだと思います。若い時にたくさん読む，その上で書く，自分の考えを人に伝え，議論をするという積み重ねが大切です。しかし，日本の高校や大学ではこういった力を鍛える基礎的なトレーニングを積むことをあまりしていませんし，学生も好みません。より実務に近い勉強の方が直感的に役に立つイメージがあるので人気がありますが，基礎力をつけることが若い時はとても大事だと思います。

　ただ中堅の研究者は，アウトプットを前提にインプットしていくというスタイルになっていくと良いと思います。それは基礎体力的なインプットや新しい情報はもういらないという意味ではなく，研究を進めるプロセスで，さらに論文を書くプロセスで，必要なものをインプットしていくという構えのことです。まずインプットしてからということでは，何のためにという視点が欠けるので，広大な情報や知の宇宙の中に漂ってしまいます。知的好奇心にまかせて漂流することも楽しいのですが，限られた時間の中ではそれらを取捨選択する視点が必要です。アウトプットに必要なインプットという構えで取り組むことで能動的・効率的になりますし，また新しい発見や出会いにも気づきやすいと思います。

　若手研究者は，日本や国際社会の現場において，どのような問題が問われているのか知る努力が必要です。統計分析は出来ても，また詳細なケーススタディはできても，なぜ今その問題を問うのか，何を明らかにしたいのか，そもそもの研究の位置づけを明らかにし，インプリケーションを示していなければ，そしてそれが明確な文章で表されていなければ研究とは言えません。自分の研究を大きな時代の流れの中でどのように位置づけるのか，本章第2節で示した6つのポイントが研究していく上で大切だと言えます。

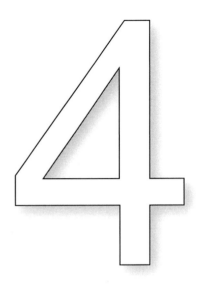

論文の書き方，Journalへの投稿

4-1　Publish or Perish?

　卒業論文や修士論文，博士論文など論文の書き方に関するガイドブックはたくさん出ています。さらに，学術論文に関しても医理工系を中心に数多く見られます。ここでは社会科学分野を念頭に置きながら，Journal論文を出版する際に注意すべき点をまとめておきます。

　これまで社会科学分野の研究者の多くは，国内のコミュニティにおいて論文を大学の紀要や学会誌に，日本語で出版してきました。紀要では第三者によって論文がチェックされているわけではありませんし，また日本語ではたとえ質の高い論文であったとしても，読める人は非常に限られています。

　大学院生は，論文を書かなければ就職のチャンスはつかめません。よく言われるPublish or Perish（出版しないなら去れ）という世界は，一般的に見られる厳しい現実です。アメリカのアカデミック・コミュニティにおいては，トップJournalでの論文の出版と，採用・昇進の評価が一体のものとして制度化しているので，避けては通れません。もっとも，論文をキャリアアップの道具，競争と見ているだけではその作業はだんだんつらくなっていくでしょう（佐藤，2016b）。もちろん，個々人のキャリアパスはそれぞれの価値観や目標をどこに置くかに依存します。しかしながら，Publish and Perishにならない姿勢が大事です。自分は何のために研究をしているのか，何を明らかにし誰に伝えたいのかということが二の次になり，書きやすくてポイント（Impact Factor）が高くとれそうなテーマと手法を追うような競争ゲームにはまり込んでしまうことには注意が必要です。何のために研究者になったのか，初心と同時に研究者としてのミッションを常に見つめ直していくこと，Publish without Perish(ing) の姿勢を自分で見つけていくことがとても大切です。

4-2　学術論文の基本要件

　まずJournalに掲載されている論文のタイプを確認してみましょう。
Clarivate Analytic社が開発し，多くのJournalが利用している論文の投
稿・レビュー・プロセスを管理するシステムScholarOne Manuscriptsに
おいては，次のように論文がタイプ分けされています。
　(1)　学術論文：調査・分析に基づく論文。研究は，モデルの構築／検証，
アクション・リサーチ，アンケート／データ分析，フィールドワーク，実
証分析などに基づくもの。
　(2)　コンセプト論文：調査・分析に基づくものではなく，哲学的な議論
や，先行研究の比較検討を通して仮説を鍛えるもの，今後の研究のベース
となるもの。
　(3)　ケーススタディ：インタビューなどによって具体的な事例や経験を
描写するもの。ただ時系列に動きを説明するだけではなく，どのような視
点で描写するのかアウトラインが必要。
　(4)　文献レビュー：特定の研究テーマに関連する論文を網羅的に読み整
理する，あるいは従来の考え方とは異なる視点を提示するために批判的に
整理するもの。その際，単に論文を順番にまとめるのではなく，中心とな
るアイディアを展開するアウトラインが必要（Silvia, 2007）。
　(5)　事象レビュー：ある概念や現象について全体像を示す，あるいは歴
史的な考察を行うもの。これも上記と同じく単に説明するのではなく，何
のためにレビューするのか明確なアウトラインが必要。
　研究者が目指すのはもちろんの(1)の学術論文が中心になりますから，以
下その執筆に当たってのポイントを確認していくことにしましょう。まず，
学術論文の基本的構成としては，アブストラクト，イントロダクション，
先行研究のレビュー，分析のフレームワーク，方法，データ取得，議論，

結論，そして最後に引用文献を示すのが一般的です。

(1) アブストラクト：Journalによっては，まとめ方を構造化している
ものもあります。例えば数十ワードずつで，目的，方法，結果，インプリ
ケーション，オリジナリティ，キーワードを，決められたスタイルで書く
ようになっているものもあります。

(2) イントロダクション：何を明らかにしたいのか，問題提起を行いま
す。この研究のもつ他にはない意義・重要性を示すことが肝心です。とく
にどのようなリサーチ・ギャップ（まだ誰も明らかにしていない問題）を
特定し，テーマを設定しているのか明記します。イントロダクションで自
分の言い表したいことを正確に分かりやすく書くことは，論文の査読者や
読者に大事なだけではなく，筆者自身にとっても論文の意義を再確認する
ために大事な作業です。この論文を読む意義があるのだと，引き付けるこ
とがポイントです。

(3) 先行研究のレビュー：自分の研究領域において過去どのような議論
がなされてきたのか，基本的な研究を押さえ，そこにどのような問題があ
るのかを考え問題提起をする，あるいは仮説を引き出します。先の文献レ
ビューのところで書いたように，単に論文を順番にまとめるのではなく，
また公平さを欠いた不十分な批判を行うのではなく，正確で冷静な理解，
批判を行い，論文の柱となるアイディアを示します（Silvia, 2007；中谷,
2016など）。

(4) 分析のフレームワーク：先行研究のレビューを踏まえてどのような
視点で何に焦点を当てるのかを明示します。具体的なリサーチ・クエスチ
ョン，仮説をたてます（新たな仮説の検証あるいは定説を見直し検証）。

(5) 方法：設定された課題分析に適切な分析の方法を選択し，簡潔に示
します。審査において，リサーチをするに当たって適切な研究方法を選択
しているかどうか，その有用性がチェックされます。量的分析あるいは質

的分析について，どのような方法で行うのか示しておく必要があります。

(6)　データ取得：それぞれの方法に基づいて必要で十分なデータを集め，エビデンス・ベースの研究を行います。

(7)　議論：理論的なフレームワークに基づいてデータ分析の結果をまとめ，検討します。

(8)　結論：はじめに示したリサーチ・クエスチョンに応え，あるいは仮説の検証を行い，理論的・実務的インプリケーションを示します。今回の研究で何が言え，何が言えなかったのか，論文の限界にも言及することも大切です。それは次の研究への展望にもなります。

(9)　引用文献：論文の最後に引用した文献一覧を示しますが，当該領域における重要な論文を慎重に選別することが大切です。

4-3　学術論文によく見られる問題点

こういった論文作成において，よく見られる問題点をまとめておきましょう。

(1)　何を明らかにしたいのかが明確でない。

調査・分析を通して何を明らかにし主張したいのか，問題提起が不明瞭な論文が少なくありません。これは論文を書く際の根本的な問題ですが，さらに自分は意義のあるテーマだと思っていても，それぞれの研究領域における動向，現状を踏まえたものでなければ，出版に値する意味のある研究だとは認めてもらえません。

(2)　関係する先行研究のレビューが十分に行われていない（under reference）。

当該領域で重要な議論が抜け落ちていないか。単なる議論の整理に終わっていないか。たくさん読めばいいというのではなく，理論や概念が厳密

に理解され定義づけられているか，先行研究における限界や課題を明らかにし，その上で仮説やリサーチ・クエスチョンが導き出せているかどうかがポイントです。

(3)　先行研究レビューと調査・分析部分がつながっていない。

このタイプの問題点はよく見受けられます。先行研究のレビューが単なる羅列にならず，理論や概念を厳密におさえ，前段に示したように，取り組むべきリサーチ・ギャップを明らかにし，仮説やリサーチ・クエスチョンを適切に導き出し，調査，方法，分析につなげていかなければなりません。何のために先行研究をレビューするのか今一度考え直す必要があります。

(4)　調査の方法・分析が適切でない。

方法そのものの選択が適切かどうか。量的調査では，例えばアンケート調査の設計が適切か，サンプル数は十分か，分析の手法が適切であるか。質的調査では，例えばインタビューが浅く不十分でないか，様々な立場の関係者や資料から裏付けが取れているかなど，研究方法の基本が明示されていなければなりません。

(5)　分析―議論―結論への流れが論理的につながっていない。

分析の結果から結論への議論が飛んでいないか，仮説の検証に無理がないか，注意深く展開する必要があります。どうしても自分の都合の良いように解釈したくなるのですが，客観性が乏しければ論文として成り立ちませんので注意が必要です。

(6)　研究のインプリケーションが明確でない。

今回の研究を通して理論的な貢献が明確に示せていない。また実務的な貢献が見えない。それも無理のない議論の展開の中で示すことができているのかが問われます。

学術論文は単なるデータ分析でも，単なる事例紹介や地域研究でもなく，

理論的な貢献が求められます。理論的貢献とは何か，Crane et al.（2016b）は次の３点を指摘しています。①新しい理論を提示すること：特定の国・地域，産業，組織における現象の描写にとどまらず，従来の概念では説明しきれない現象に対して一般的なコンテキストの中で新しい視点を提供すること。②既存の理論をより発展させる：アングロサクソンの経済社会をベースに発展した理論・コア概念が，異なる国・地域のコンテキストにおいても説明力をもつ新しい可能性を示せていること。③既存の理論の適応可能性を示すこと：新しいデータや方法によって既存の理論をテストし，その説明力を示すこと。もちろん新しいオリジナルな理論を提示することは理想ですが，現実的に言えることは，これまでの議論に存在する小さなギャップや不足点を見出し，それを少しでも埋めること，新しい現象を新たな視点から理論的に説明することができれば意義があると思います。

　(7)　読みやすい文章で書かれていない。

　Gastel and Day（2016）は，正確で理解しやすい論文を書くことは，研究それ自体と同じくらい重要なことである，と指摘しています。せっかくの研究成果もこなれていない英語や，悪文では伝わりません（Silvia, 2007）。分かりやすい説得力ある文章になっているか，不十分なまた不必要な部分はないか。英語として正しく明瞭な文章になっているか（セイン, 2011）。自信がなければ専門家に英語を校正してもらうこと（proofreading）を勧めます。私の場合，たまたまロンドン在住のイギリス人女性の校正者（proofreader）を紹介していただき，チェックしてもらっています。回数を重ねると私が何を言わんとしているかもわかってもらえ，適切な校正をしてもらえ助かっています。校正のプロセスは，とても良い英語学習の機会にもなります。そもそもよい文章を書くにはトレーニングが必要です（Glasman-Deal, 2009; Bailey, 2015 など参照）。他のスキルと同じようにたくさん書いて練習を積むしかないのですが，基本的に

良いアウトプットを期待するには，前章のColumnで触れたように，たくさんのインプット（読むこと）の積み重ねが必要だと思います。母国語でも何を書いているかはっきりしない人が，英語で明確な文章が書けるとはとても思えません。

4‒4　学術論文を出版するプロセス

　論文を仕上げると，次にどのJournalに投稿するか，ということが課題となります。これは前章3‒1で指摘した「誰に」という問いと関係します。伝統的で広いテーマを扱うJournalに投稿するか，専門分野のJournalに投稿するか。Journalが特集を組んで論文を募る場合や，カンファレンスが大会のテーマとからめてJournalと連携し特集を設定する場合もあります（Special Issue：特集号）。評価の高いJournalはポイント（Impact Factor）が高く，それだけ採択率は低く（10％以下），出版にはハードルが高いものです。いきなりポイントの高い著名なJournalに挑戦するのは難しいと思いますので，自分の研究テーマに即したJournalを選んで挑戦すれば良いでしょう。新しい専門Journalは歴史が浅い分比較的ポイントも低く，ハードルが相対的に低く採択されやすいと言えます。しかし，新しいJournalならどれでも容易に採択されるというわけではなく，しっかり編集しているJournal，つまり当該領域で評価を得ようと戦略をもって取り組んでいるJournalでは，厳格な審査をしています。

　　＊Journalの評価付けは，Clarivate Analytics社のデータベースWeb of Scienceに収録されているデータを元に算出するImpact Factorの影響力が圧倒的に大きいです（詳しくは後段p.86参照）。それ以外にも，例えば，イギリスのAssociation of Business SchoolsによるAcademic Journal Guideは，Accounting, Economics, Finance, Innovation, Marketing, Organizational Studies, StrategyやGeneral Management, Ethics,

Gender and Social Responsibilityなど22の領域で1582誌を対象に4＊，4，3，2，1と5段階でランキングしています（2018年版より3年毎に改訂）。イギリスの多くのビジネススクールでは，ここにランクされていないJournalに掲載しても業績としてカウントされず，3以上のJournalに掲載することが目標となっています。

　各Journalのウェブサイトには，そのJournalの目的や守備範囲（Aims and Scope）が示されていますので，その趣旨と自分の論文が合うかどうか確認しましょう。次に編集委員（Editorial Team）のページには，エディター（Editor in ChiefとAssociate Editor），そして理事メンバー（Editorial Board Member）の名前と所属が明記されています。Journalの編集はエディターが担っています。広いテーマを扱うJournalでは，サブテーマ毎にセッションを設定し（担当エディターが受け持つ），そこに提出を求めるものもあります。投稿するに際し，そのJournalが適切な選択かどうかはっきりしない場合は（特集号の扱う範囲なども），エディターに直接問い合わせて確認すれば良いでしょう。執筆要綱（Author Guideline）のページには，形式，制限文字数，論文のまとめ方，参考文献の書き方，さらに著作権（自身の原稿の著作権のみならず，引用した図表・写真の使用許可なども）に関して細かな規定・指示がありますから，丁寧に確認する必要があります。さらに倫理規定（剽窃への注意，二重投稿の禁止，データの正確性への担保など）もよく確認します。また「人を対象とする研究」についての倫理審査・認証が求められる場合がありますので注意が必要です。インタビュー調査などに当たって，人権や個人情報に配慮しているか，学内で承認を得る必要があります（例えば早稲田大学研究倫理オフィス参照。https://www.waseda.jp/inst/ore/procedures/human/）。論文を提出するに際しては，各出版社のJournalのプラットフォームを通して行うことが一般的ですから，まずそこに登録する必要があります（例えば前段でみたScholarOne Manuscripts）。論文の提出からレ

ビュー・プロセス，再提出，校正まで全てこのプラットフォームを通して行われます。

　また最近，オンライン出版によるオープンアクセスのJournalが増えています。そこには伝統的で信頼できる出版社によるものばかりではなく，怪しいものも混在しています（Musick, 2015）。きちんと審査をしないのみならず，中にはpredatory journal と呼ばれる投稿料を搾取することを目的としているものもありますし，そこに掲載された論文は評価されませんので，注意が必要です（そういったものを調べるには，例えばhttps://beallslist.weebly.com 参照）。

審査の仕組み

　投稿した論文はどのように審査されるのか，ポイントを確認しましょう。その前にまずJournalの仕組みについてみておきましょう。先にみたように，Journalのウェブページには編集チームが開示されています。エディターの役割は投稿された論文を受けつけ，論文に目を通し審査に値すると判断した場合はレビューアーを選出し，彼らの評価に基づいて掲載するかどうか最終判断をします。まず，投稿された論文の内容がJournalの主旨と合わない，レベルが低い，形式が整っていないなど論文に根本的な問題がある場合，エディターは修正を求めたり，その時点でリジェクトとすることもあります（desk reject）。そこがクリアできた場合，エディターは２人のレビューアーに審査を依頼することになります（double blind review）。エディターにとって適切なレビューアーを遅滞なく選び，引き受けてもらうことは容易なことではありません。エディターはレビューアーの評価に基づき，採択：accept，修正後採択：minor revision，修正後再審査：major revision，掲載不可：rejectの判断を下すことになります。要修正のコメントを受けた投稿者は，それをもとに書き直し，より良い論

文に仕上げていきます。レビューアーには建設的なコメントを書くことが求められます。このレビュー・プロセスにおけるコミュニケーションはとても重要です（双方とも忍耐が求められるプロセスでもあります）。もしリジェクトされても，レビューアーからのコメントは論文を再考していく上で非常に貴重なアドバイスになります。良いJournalほど良いコメントが届くことが多いと言えます。エディターはこのプロセスに時間がかからないよう，できるだけ早く進めていく努力が求められます。エディターは2人のレビューアーの評価が分かれた場合，第3のレビューアーに依頼するか，エディター自身が再度読んで最終決定をすることになります。こういったシステムを成り立たせているエディターやレビューアーは，ボランティアでかかわっています。忙しい中でもお互いさまの気持ちで真摯に取り組んでいます。

審査のポイント

投稿するにあたっては，その仕組みをよく理解したう上で，Journalが求めるレベルの論文になっているか，形式的なポイントもクリアしているかよくチェックしましょう。以下の6点は，人文・社会科学の分野でたくさんのJournalを出版しているEmerald社が，投稿者に対して認識を求めている点です。すでに指摘したポイントと重複しますが，示しておきましょう。

(1)　独創性：投稿論文は出版に値する学術的に新しい意味があるか。期待される成果（インパクト）の大きさ。

(2)　先行研究のレビュー：関係する領域の先行研究を踏まえ引用しているか。見落している重要な議論はないか。

(3)　方法：論文は適正な理論，概念に基づいて書かれているか。調査やその方法は適切に設計されているか。

(4)　結果：調査の結果は的確に分析されているか。結論は論理的に導き出されているか。

(5)　インプリケーション：以上のことに基づいて，論文は理論的，実務的，政策的なインプリケーションを示しえているか。理論と実務の溝を埋められているか，社会に何らかのインパクトを与えられているか。

(6)　コミュニケーション：論文は当該学術分野で使われている言語や概念，またJournal読者の期待する知識にふさわしいものとして書かれているか，また読みやすい表現や構成に配慮されているか。

リジェクトへの対応

　リジェクトは研究者にとって常にありうることです。大事なことは，リジェクトを踏まえて次のステップをいかに踏み出すかにあります。レビューアーが勘違いしている場合や見解が異なり対立する場合もありえますが（反論があれば再提出の際にその旨を伝えれば良いでしょう），複数の目で見て問題が指摘される場合は，やはり再検討すべき修正点があると言えます。リジェクトを受け取った場合どう対応すべきか，Devinney（2014）は次のように指摘しています。①Journalの選択に問題がなかったか（「誰に」の問題），②適切な「言語」で書かれているか（「どのように」の問題），③関心を引くテーマか（「なぜ」の問題），④問題設定が適切か（「何を」の問題）。

　リジェクトの場合は，重大な欠陥が含まれていることが多いので，コメントを参考に再考しましょう。いきなり別の投稿先を探すことはせず，書き直すことが望ましいと思います。修正を求められた場合，上記の点を踏まえ書き直し，できれば信頼できる仲間にみてもらい，批判点がうまく修正されているか確認してもらうと良いでしょう。再投稿に際しては，レビューアーにレターを書き，どこをどのように修正したのか明記しておきま

しょう。

投稿前のチェックリスト

　Crane et al.（2017）が論文をJournalに投稿する前に確認すべきチェックリストを整理していますので，まとめとして引用しておきましょう（表4−1）。

表4−1｜　論文投稿前のチェックリスト

1.	あなたの原稿はJournalの目的・守備範囲と適合していますか	☑
2.	原稿は学術論文としての質を満たしていますか	☑
3.	原稿は十分に推敲されていますか	☑
4.	当該領域の研究に資するものですか	☑
5.	理論的な貢献がありますか	☑
6.	扱っている現象を理論的に説明できていますか	☑
7.	扱っているケースの地理的文脈を超えた理論的分析ができていますか	☑
8.	調査・分析がリサーチ・クエスチョンと符号していますか	☑
9.	質的研究の場合，単なる事例分析に終わっていませんか	☑
10.	調査・分析の方法が適切であると説明できていますか	☑
11.	Journalが求める投稿要件を満たしていますか	☑
12.	エディターやレビューアーと建設的なコミュニケーションができていますか	☑

出所：Crane et al.（2017），p.4.

4−5　良い論文とは

　最後に，良い論文とは何かについて考えておきましょう。一般論として良い論文の定義をすることは難しいのですが，まず本章で示した基本要件を満たしていることが求められます。そして多くの研究者に影響（インパ

クト）を与える，より具体的には，多くの人から読まれ引用される論文と言えます。論文の影響力を測る物差しにはいくつかあります。以下ではImpact Factor，h-index，そしてResearch Interestを取り上げます。それぞれ特徴と課題があります。

Impact Factor

アカデミック・コミュニティにおいては，良い論文とはまずImpact Factorの高いJournalに掲載された論文だと理解されています。Impact Factorは，Web of Scienceに収録されたJournalの平均的な論文の被引用回数を表したスコアです。基本的な考え方は，例えば，あるJournalが2018年に掲載した論文の総数が100本，2019年に100本，それらが2020年に引用された延べの回数が50ならば，50÷(100＋100)＝0.25となります。しかしこれはJournalのもつ数値であって，個々の論文は厳しい審査を通過しているものの，どれほど読まれているか，引用されているかは分かりません。（どのJournalに何本論文が掲載されたかという合計ポイントが，研究者を評価する指標となっています。）

h-index

それに対して，Google Scholarが示している論文の引用回数から測るスコアh-indexがあります。発表した論文のうち，被引用回数がh回以上ある論文がh本以上あることを満たす数値がh-indexです。これはどのJournalの論文かということは無関係に，例えば，10回引用された論文が10本ある場合10となります。これは，A：100回引用された論文が1本と1回も引用されていない論文が9本ある場合，B：10回引用された論文が10本ある場合とを比べると，どちらも論文数は10本で総引用回数は100回ですが，Aのh-indexは1，Bは10となります。論文の質と量を加味した

値と言えます。このようにもし圧倒的に引用された論文が1本あっても，それだけではh-indexには反映されないこととなります。もちろん良い意味で引用されたのか，批判的に引用されたのかまでは判別できません。

Research Interest

　Research Gate（第6章p.117参照）はユニークなスコアResearch Interestを提示しています。これは論文の引用回数だけを測る方法の限界を超えようとするもので，Research Gateのプラットフォームに掲載されている論文にアクセスし，サマリーを見る（0.05），フルテキストをダウンロードし読む（0.15），他者に推薦する（0.25），さらに引用する（0.5）というアクション毎にポイントを加算していきます（それぞれのアクションの回数も示されています）。論文ごとのポイントと全論文合計のポイントが示されます。それが各研究領域の中でどのくらいの位置付けにあるのかも示されています。ただこれはResearch Gateに参加している研究者だけという制約がありますが，現在1600万人が参加しており，その影響力は年々大きくなっています。（全論文のポイントと，このプラットフォーム上での活動：質疑応答，コメント，プロフィールの被閲覧回数などを加算したRG Scoreが，研究者の評判を測る指標として示されています。）

　いずれにせよ，アカデミック・コミュニティには，Journalを格付けし，論文がどれほど読まれ引用されたかを競う世界があります。そこで評価を受けることが研究者には求められますが，ただ競争に盲目的にかかわっていくだけではなく，その可能性と課題を理解した上で，研究活動を継続していくことが大切です。自分のかかわる専門領域において，研究活動，論文が評価され，第6章で見ていくように，アカデミック・コミュニティから信頼を得て，広く活躍していくことが期待されています。

Column
新しいJournalの誕生

　新しい学問領域が広がってくると，新しいJournalが誕生してきます。時代の要請に応じて新しい専門領域での研究が増えるにしたがい，既存の伝統的なJournalが新しい論文を積極的に受け付けたり，特集号を組んだりしますが，新しい専門的なJournalも要請され誕生します。それは「学問の制度化」の現れと言えます。

　この点について，私の専門領域で少し見ておきましょう。近年CSR，倫理，コーポレートガバナンス，サステナビリティなど「企業と社会」にかかわる研究が活発になり，グローバルに広がりをみせています。学問の制度化とは，社会のニーズを受けた新しい学問領域が学界や社会から受け入れられ，一つのパラダイムとして成立することを指します。ただ，社会科学のパラダイムは自然科学ほど厳密ではなく，またさらに「企業と社会」論には必ずしも共有された理論体系があるわけではありませんが，一般に学問の制度化は次の6点から捉えることができます（谷本2020，pp.4-5）。

⑴　その学問が時代から必要とされていること。

⑵　社会的有用性が高まり，公的・私的な研究費が支給されること。

⑶　国際的な会議や学会が設立されること。

⑷　専門のJournalが発行されること。

⑸　大学に関連した科目，学部・研究科，研究機関が設立されること。

⑹　教科書やその専門領域の辞書や辞典が編纂されること。

表4−2は企業と社会の領域に関連する代表的なJournal の一覧表です。研究が活発になるにともない，新しい専門の Journal が次々に刊行されています。どこまで広げて見るかによってこのリストも変わってきますが，少なくともこの40–50年の間に50を超えるJournal が生まれ，たくさんの関連論文が出版されています。

　これを発行開始年で見てみると（表4−3），2000年代に入って多くのJournal が創刊されており，サステナビリティ関連のJournalは2000年代後半以降急増しているのがわかります。新しいJournalのレベルを見極めることは難しいですが，出版社や編集委員のメンバーを見たり，すでにどのような論文が出ているかをチェックすることである程度分かります。

　主要なデータベース，例えばEBESCO，Web of Science，SCOPUSに収録されているJournal，また先に見たAssociation of Business SchoolのAcademic Journal GuideにリストされているJournalをチェックし，投稿先を考えましょう。そこに掲載されれば検索されやすいと言えます。もっとも，普段自分がよく読み，引用している論文の出ているJournalは関係が強いということですから，投稿先を選ぶ時それも一つの判断基準になります。

表4－2 CSR, Business Ethics, Corporate Governance, Sustainability関連のJournal一覧

Annals in Social Responsibility, 2015-	Int'l Journal of Sustainable Development &
Business and Professional Ethics Journal, 1981-	World Ecology, 1994-
Business and Society, 1960-	Int'l Journal of Sustainable Development and
Business and Society Review, 1972-	Plan-ning, 2006-
Business Ethics Quarterly, 1992-	Int'l Journal of Sustainable Economy, 2008-
Business Ethics: A European Review, 1992-	Int'l Journal of Sustainable Manufacturing, 2008-
Business Strategy and the Environment, 1992-	Int'l Journal of Sustainable Society, 2008-
Corporate Governance: An Int'l Review, 1993-	Int'l Journal of Sustainable Strategic
Corporate Governance: The Int'l Journal of	Management, 2008-
Business in Society, 2001-	Int'l Journal of Sustainable Transportation, 2007-
Corporate Reputation Review, 1997-	Journal of Accounting, Ethics and Public Policy,
Corporate Social Responsibility and Environ-	1998-
mental Management, 1993-	Journal of Asia Entrepreneurship and
Economics and Philosophy, 1985-	Sustainability, 2005-
Electronic Journal of Sustainable Development,	Journal of Business Ethics, 1982-
2007-	Journal of Business Ethics Education, 2004-
Int'l Journal of Business and Society, 2000-	Journal of Business Systems, Governance and
Int'l Journal of Business Governance and	Ethics, 2006-
Ethics, 2004-	Journal of Corporate Citizenship, 2001-
Int'l Journal of Corporate Governance, 2008-	Journal of Global Responsibility, 2010-
Int'l Journal of Corporate Social Responsibility,	Journal of Human Values, 1995-
2016-	Journal of Leadership, Accountability and
Int'l Journal of Environment and Sustainable	Ethics, 2005-
Development, 2002-	Journal of Management and Governance, 1997-
Int'l Journal of Global Environmental Issues,	Journal of Social Entrepreneurship, 2010-
2001-	Journal of Sustainable Development, 2008-
Int'l Journal of Green Economics, 2006-	Journal of Sustainable Development in Africa,
Int'l Journal of Innovation and Regional	1999-
Development, 2008-	Journal of Sustainable Finance & Investment,
Int'l Journal of Innovation and Sustainable	2011-
Development, 2005-	Professional Ethics: A Multidisciplinary Journal,
Int'l Journal of Justice and Sustainability, 1996-	1992-
Int'l Journal of Social Ecology and Sustainable	Social Responsibility Journal, 2005-
Development, 2010-	Sustainability: Science, Practice and Policy,
Int'l Journal of Social Entrepreneurship and	2005-
Inno-vation, 2011-	Sustainability; The Journal of Record, 2008-
Int'l Journal of Sustainability in Higher	Sustainability Accounting, Management and
Education, 2000-	Policy
Int'l Journal of Sustainable Design, 2008-	Journal, 2010-
Int'l Journal of Sustainable Development, 1998-	World Review of Entrepreneurship,
	Management and Sustainable Development,
	2005-

出所：谷本（2017），p.146より。

表4-3 | CSR, Business Ethics, Corporate Governance, Sustainability関連Journalの数／年

年代	出版 開始年	Journal数	Sustainability 関係（内数）	10年単位数 (Sustainability関係)
1960	1960	1		1
1970	1972	1		1
1980	1981	1		3
	1982	1		
	1985	1		
1990	1992	4		14 (4)
	1993	2		
	1994	1	1	
	1995	1		
	1996	1	1	
	1997	2		
	1998	2	1	
	1999	1	1	
2000	2000	2	1	28 (17)
	2001	3		
	2002	1	1	
	2004	2		
	2005	6	4	
	2006	3	1	
	2007	2	2	
	2008	9	8	
2010	2010	4	2	10 (4)
	2011	2	1	
	2015	1		
	2016	3	1	
Total		57	24	57 (24)

出所：谷本（2017），p.147より。

学会やセミナーでの研究発表

5-1　カンファレンスでの研究発表

　カンファレンス，学内外のセミナー，ワークショップなどで研究の成果を発表することは，研究者にとって大事なイベントです。いつもと異なる目で評価を受けることは，学術論文を仕上げていくプロセスにおいてとても重要な機会になります。ここではカンファレンスで発表を行う際に確認しておくべき点についてまとめておきます。とくに国際的な学会，カンファレンスで発表する際には十分な準備が必要です。若手研究者にはハードルが高く感じられ緊張するでしょうが，多くの研究者が集まる場で報告することはとても貴重な経験です。様々な研究者に自分の考えを聞いてもらい質問してもらう。こういった場で新しい研究仲間と出会い，議論し，良い関係・ネットワークをつくっていくことは，研究者としても成長していくきっかけになります。

　そのためにはもちろん基礎的な語学力を高めておくことも大事です。ただし，最も大事なことは，英語自体の上手下手ではなく，「報告の中身」です。伝えるべきものがあって初めて研究者間のコミュニケーションが成り立つということです。用意した原稿を読み上げるのではなく，予期せぬ視点から投げかけられてくる質問や反論に，臨機応変に切り返し，議論を進められるかどうかが問われます。それは英語力だけの問題ではないですね。

　日本的な遠慮や控えめな姿勢だけでは，他の国の人にはなかなか理解を得られません。その殻を打ち破る努力が必要です（第7章参照）。自分の考えていることや研究成果を伝えたいという想いが，コミュニケーションの原動力になります。以下では，海外での研究発表を前提に説明していきます。

5-2　研究発表のポイント

　カンファレンスでの発表に関して，(1)適切なカンファレンスの選択，(2)応募，(3)事前準備，(4)発表，(5)フィードバック，という5つのポイントからまとめていきましょう。

(1)　適切なカンファレンスの選択

　どのカンファレンスで，いつ何を報告するか。論文の作成スケジュールに沿って考えましょう。経営学領域では，Academy of Management（AOM）のように参加者が1万人を超える大きな大会もあれば，専門の学会で百人程の大会もあります。いずれのカンファレンスでも，個別のセッションの会場に入れば少人数で議論しています。学会が開催するカンファレンスは，会員でなければ報告できないものも多いですが，専門のテーマに沿ったオープンなカンファレンスもたくさんあります。海外での発表は旅費や参加費など予算の問題もあり度々参加できるわけではないので，慎重に機会を選ぶ必要があります。

　　＊「企業と社会」関係のカンファレンス情報については，学会「企業と社会フォーラム」のウェブサイト https://j-fbs.jp/info.html に掲載されています。

┃　ドクトラル・ワークショップのすすめ

　博士課程の学生は，カンファレンスの際に開催されるドクトラル・ワークショップ（Doctoral Workshop）に参加することを勧めます。本会議の前日に行われることが多く，そこでは時間をかけて報告・議論ができ，それぞれの分野で有力な教授がコメントしてくれます。博士論文を仕上げていくプロセスで，指導教授とは異なる視点からヒントやアイディアをもら

えるとても良い機会になりますし，研究仲間を見つける絶好の機会でもあります。伝統のある学会や人気のカンファレンス，また奨学金を出す場合では報告希望者が多く，事前に書類審査されますので希望が叶わないこともありますが，是非挑戦して欲しいと思います。

　例えば，私が運営委員会メンバーとして参加したInternational Conference on Corporate Sustainability and Responsibilityのドクトラル・ワークショップでは，１人あたりの報告とコメント，ディスカッションで30分の時間を取りましたが，１日12-13人が限度でした（コメントする側も消耗します）。世界中から70-80人ほどの応募者があり厳しい選抜がなされます。一般的に必要な応募書類は，報告のペーパー（アブストラクトにフルペーパー），研究計画書，CV，推薦書，在籍証明書などの提出が求められ，事前審査は研究の目的，方法，計画が妥当であるかどうかが

2016 International Conference on Corporate Sustainability and Responsibility, Berlinでのドクトラル・ワークショップのパンフレットと当日の模様

Japan Forum of Business and Societyのドクトラ
ル・ワークショップ

チェックされます。丸1日のワークショップでは昼食や休憩を挟みますが，その時も自由に話ができる環境ですから，世界から集まった仲間やコミッティメンバーの教授を積極的につかまえて話しかけることは大事なことです。

⑵ 応募

カンファレンスを開催する際，毎年特集のテーマが掲げられていることが多いです。そこで設定されているサブテーマも確認し，自分の報告が当てはまるか確認しましょう。もちろん特集テーマ以外の一般的なテーマも募っていますから，それも確認しましょう。

エントリーする際，カンファレンスによって応募基準が違いますから，何を提出するのか，スケジュールも含めウェブサイトでよくチェックしましょう。数百ワードやA4で2－3枚のアブストラクトから，フルペーパーの提出を求めダブル・ブラインド・レビューによる審査を行うものまであります。応募の締め切り，審査結果の公表，参加費の振り込み，報告の資料提出など，それぞれの日程が示されていますので，注意深くチェックする必要があります。またp.81で示したように，「人を対象とする研究」

について事前に学内で審査・認証を求める場合もありますから，よく確認しましょう。

▍発表後の論文完成でゴール

ところで，カンファレンス・ペーパーが求められ提出した場合，発表終了後はフィードバックを踏まえてできるだけ早く修正し，論文として完成させましょう。発表は時々しているのにそれが論文に結びついていない人を見かけます。あくまで論文を完成させ出版にこぎ着けることがゴールですから，そのままにせず仕上げましょう。

学会がJournalをもっている場合もあれば，カンファレンスによってはその時のテーマにそったJournalと連携しSpecial Issueを組んでいることもあります。ただし，そこで報告したから特集号で受理されやすいということはありませんし，報告していなくても投稿可能です。Journalが特集号を組むというのは，その新しいテーマが重要であると理解していることであり，今後取り組んでいこうという意図があります。ですから，そこに自分の論文が加わることは意義のあることです。また特集号はRegular Issue（通常号）と異なり投稿締め切り日，採択通知日，発行日が決まっており，投稿する側はそのスケジュールに沿って取り組めるというメリットもあります。

⑶ 事前準備

事前に十分な準備をすることで，必要以上に緊張することから自分を救うことができます。時間をかけて，聞き手にとってわかりやすい発表になるよう準備しましょう。発表の仕方やスライドの作り方については，いくつか解説書がありますので是非参考にしてほしいと思います（理系対象で

すが，島岡，2009；Huang，2010；廣岡，2014；佐藤，2017など）。

　ここではポイントだけ示しておきます。まずすべての人が自分の報告に関心をもってくれる訳ではないことを自覚することです。すべてはそこから始まります。その上で，自分の研究の意義をどうすればわかってもらえるか，報告の焦点を絞り込みましょう。決してあれもこれもと入れ込まず，内容を絞り込むことが大事です。発表時間は限られていますから，その中でどのように組み立てるかよく考えましょう。発表の流れ（ストーリー）を明確にし，聴衆にわかりやすいスライドをつくります。その際，発表を通して最も伝えたいメッセージ（take-home message）を明らかにしておきましょう。

　基本的なことですが，スライドの数が多すぎても少なすぎてもいけませんし，文字や数字が小さすぎてもいけません。文字だけだと訴求力は弱くなります。しかしたくさんの色やアニメーションを使うことは避けましょう。学会などでわかりやすいパワーポイントに出会うことがあれば，参考にすれば良いでしょう。見やすく，図表を交えたスライドづくりに手間を惜しんではいけません。そして，聴衆を意識して事前に練習しておくことは大切です。独りよがりを避けるために，可能であれば仲間に一度聞いてもらいコメントを受ける機会をつくりましょう。それが無理ならば，ビデオに撮り，自分で確認するのも良い方法だと思います。想定される質問もある程度考えておくと良いでしょう。

コンディショニング

　交通手段や宿泊先に関して，お話ししておきましょう。海外のカンファレンスでは早めに登録をし，ホテルや飛行機等の予約をすることを勧めます。主催者が契約した便利なホテルに安く入れる場合もあります。直前になると思うような予約が取れなくなる可能性が高くなります。ホテルや大

会会場を事前に確認し，無理のない日程を組みましょう。少なくとも前日に到着し，自分の報告会場を下見することを勧めます。当日に遅刻など決してしないようにしましょう。前日にあれこれと調べ直すより，まな板の上の鯉のような気分であきらめて，さっさと寝ることを勧めます。何よりも体調管理が大事です。時差で調子を崩すことなく，ベストなコンディションで臨めるように最善の注意を払いましょう。たった数十分の発表のために，時間とコストをかけて出かけて行くのです。スポーツと同じで，本番当日に最高のパフォーマンスが示せるよう，肉体的にも精神的にも良い状態になるようコンディショニングに配慮しましょう。

(4)　発表

　発表の前日，当日になると誰でも緊張するものですが，あれこれあまり考えず，テンションを早くから上げず，ゆったりと構え，徐々に高めていくことが良いと思います。直前に良いアイディアなど出てこないものですから。

良いプレゼンとは

　発表において最も大事なことは，聞く人のことを意識したプレゼンテーションになっているかという点にあります（図5－1参照）。一方的に自分本位で話すのではなく，あくまで聴衆が聞いて理解してくれなければ発表の場は成り立ちません。同じ内容でもプレゼンテーションの仕方がまずいと，聴衆にはなかなか伝わりません。それは英語力だけの問題ではありません。大事なことは，伝えるべきポイントを明確にし，全体としての流れ（ストーリー）を意識することだと思います。

図 5-1 ｜　相手本位のプレゼンテーション

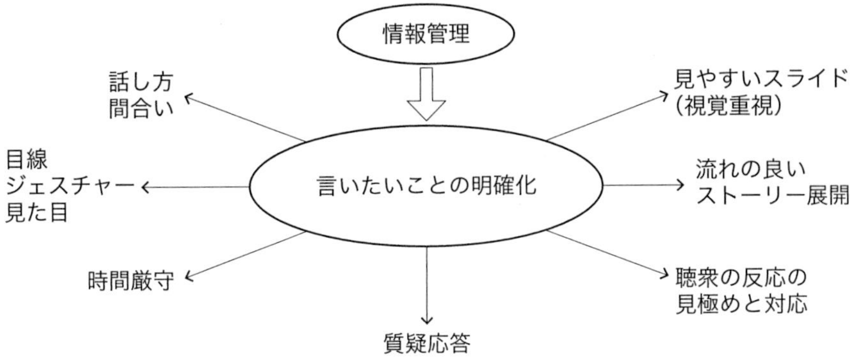

情報管理

話し方
間合い

見やすいスライド
(視覚重視)

目線
ジェスチャー
見た目

言いたいことの明確化

流れの良い
ストーリー展開

時間厳守

聴衆の反応の
見極めと対応

質疑応答

出所：佐藤（2017）p.21

時間厳守

　また，決められた時間内で発表を行うことはとても大事なことです。1
つの報告に与えられる時間は，せいぜい15分から20分程です。必ず決めら
れた時間内に終わることです。これはとても大事なことで，時間を超えて
発表してしまうと質問を受ける時間がなくなってしまいます。それでは意
味がありません。また，全体のセッションの時間は決まっていますので，
自分が時間オーバーすると次の人の時間を食ってしまうことにもなります。
聞いている側も，いつまでやっているのかとイライラ感を募らせてしまい
ます。そうなってしまうと，せっかくの発表内容が飛んでしまいかねませ
ん。発表中も時計を確認しながら，時間内に終わらせられるよう注意しま
しょう。全く時計を見ずあと何分ですかと聞く人がたまにいますが，それ
はやってはいけません。決して早口で時間をカバーするのではなく，でき
るだけゆっくりと自分を落ち着かせながら進めましょう。会場を見渡して
反応を見ながら発表する余裕があるとベストですが，少なくとも手元の原
稿を読み上げたり，スクリーン側ばかり見ることは避けましょう。今ある

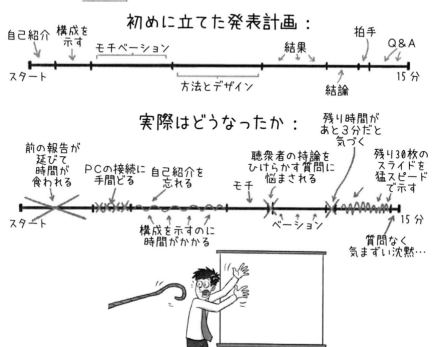

図5-2 カンファレンスでのプレゼンテーション

出所：http://phdcomics.com/ より。

力以上のものは出せませんが，今ある力を十分に出せるようにするために
は，やはり事前の準備が大切です。自分が聴衆として人の報告を聞いてい
ると，その良し悪しはすぐにわかるものです。他の人の報告スタイルから
学ぶことはとても有効です。分かりやすいプレゼンテーションに出会った
ときは，是非それを参考にすれば良いと思います。

　最後に，研究者だけが集まる場か，実務家も一緒に参加している場かに
よって，発表内容や組み立ても意識して変えるべきだと思います。研究者
だけならば，共有されている理論的な基礎などは飛ばし，研究の意義，研
究方法と結果，理論的インプリケーションにフォーカスすれば良いでしょ

う。実務家が参加している場合は，細かな方法論は飛ばし，具体的なデータやケースを示し，実務的なインプリケーションをしっかり示すことが大事です。

(5)　フィードバック

　発表に対して質問をしてもらえることはとても貴重なことです。報告内容に対してポジティブな意見も，ネガティブな意見も出てきます。事前に想定していなかった質問も来るものです。誰にとっても質問に対して即座に的確に応答することは容易なことではありませんが（もちろん日本語でも），場数を踏み経験を積んでいくこと以外に王道はないと思います。まさにオン・ザ・ジョブ・トレーニングです。すぐに答えられない場合は，素直にそう答えるしかありません。それは今後の良いヒントになるかもしれません。また逆に自分が聴衆側にいる場合は，積極的に質問することを勧めます。質問しようと思って聞いている姿勢はとても能動的です。質問すると，報告者や回りの人の反応もわかります。恥をかきたくないという気持ちで座っていると成長しません。質問する際には，短く簡潔に行うことを忘れないようにしましょう。

発表の後が大事

　ところで，カンファレンスでは発表したら終わりということではなく，大切なことは参加者と交流，議論することです。面白い報告をしていた人に対してその場では質問ができなかったとしても，コーヒーブレイクや立食のランチ，また会場のロビーなど様々な場において声をかけ，話をすることが可能です。その人が他の人と話しているのを見つけたら，その隣に立って会話の中に入っていけば良いでしょう。逆に，もし自分の報告内容

が印象に残る良いものであったならば，聞いていた人が自分のところに質問に来てくれます。それはうれしい機会です。カンファレンス主催のディナー（Gala Dinner）には参加することを勧めます。発表の緊張感から解放されて自由になりたい気持ちもわかりますが，ネットワークを広げていくことは今後の研究活動にとってとても重要ですし，それはカンファレンスに出かけていく目的の一つと言えます。語学力に自信がないからといって引っ込み思案になっていたり，日本人仲間とだけ話していても，新しいものを得ることはできません。新しい人との出会いは楽しいことです。また，これまで論文を通してだけ知っている人の発表や，著名な研究者の話を聞けることは，とても楽しみなものです。直接話をすることで，どういった発想の持ち主かよくわかるものです。

　人の主張や意見を聞いてなぜその人はそう考えるのだろうか，自分はどう考えるのか，質問をしてそれに相手も答える，ということでコミュニケーションが成り立ちます。質問がないということは，聞き手の理解度が低いか，あるいは報告者の話がつまらなかったからと理解されます。様々な問題に対して自分はこう考えるけれどどうかと質問をし議論を広げる，相手から引き出すということをしないと何も得られません。カンファレンスの場では，日本的な遠慮は分かってもらえません。失敗を恐れる気持ちや

中国上海でのカンファレンス

東京でのカンファレンス

恥の意識を捨てて，経験を積んでいくしかないでしょう。人と議論することもなく，報告が終わったらすぐ観光に行ってしまう人を見ていると，せっかくカンファレンスに来たのにもったいないと思います。

5‒3　大学のセミナーでの研究発表

　カンファレンスの他に，大学で開催されているセミナーやワークショップで報告することはとても有意義です。各大学は研究会を定期的に開催しています。トップ校になるほど，世界中から研究者が招かれ（交通費やホテル代を用意）研究発表をし，活発な議論をしています。テーマに関心をもつ研究者や院生，そこに籍を置くポスドクや，サバティカルで訪問している研究者たちが集まってきます。

　よくあるパターンは，お昼の時間帯にサンドイッチなど軽食が用意されていたり，また自分たちでお弁当を持ち寄ったり，適当に食べながら開催されるセミナーです（茶色い紙袋に入ったお弁当ということからBrown Bag Seminarとも言います）。聴衆側からすると，著名な研究者が来ればその最新の研究を知ることができ，どのような発想や視点をもっている人か間近で垣間見ることができます。関心の近いテーマの発表であれば，自分の研究に引きつけた議論もできます。報告する側としては，学会報告とは違い未完成の研究報告でも構わず，設定時間が長いのでじっくりと議論することができ，自分の研究の穴を指摘してもらったり，ヒントをもらえたりします。

　またウェブ（オンライン）で行うセミナー：ウェビナー（Webinar）も開かれています。ウェビナーは居ながらにして海外のセミナーに参加できますので便利です。とくに2020年のコロナ禍によって直接人々が集まることが難しくなり，カンファレンスやセミナーが中止になって以降，オンラ

インでの開催も積極的に進められています。近年ネット環境やツールが良くなってきたことで，ポストコロナにおいてはウェビナーがこれまで以上に増えていくと思われます。

研究者としての「資産」

私もこれまで海外の大学に滞在中，様々な大学でのセミナーに招かれて発表する機会がありました。1時間から2時間のセミナーで，発表し議論するという長丁場ですから，そもそもの問題設定や研究方法，分析のプロセスなど，いろいろな角度から質問や指摘がなされます。その長い時間のディスカッションに耐えられず，楽しむことができないとつらい時間になります。セミナーの後，招待してくれた人たちが食事に誘ってくれることが多いです。そんな場は，発表での緊張感からも解放され，ゆっくりと話をすることができます。研究のことばかりではなく，大学運営，学生への指導から私生活に至るまで，様々に話が広がっていきます。そういったゆったりとした話の中でヒントやアイディアが出てきたり，研究仲間を紹介してもらうこともあり，とても貴重な時間と言えます。こういった関係をつくっていくことは，研究者としてはとても大事なことであり，「資産」になっていくと思います。

求められる臨機応変の対応

ところで，セミナーであれシンポジウムであれ，一方的に報告をして終わりではなく，途中で質問が来たり，時間の設定が急に変わったりと，柔軟な対応が求められることがよくあります。初めての頃は報告内容を書いたメモを見ながら発表したり，暗記しておくという人もいるでしょう。しかし，英語の原稿を一言一句読んでいるようでは柔軟な対応は難しいですし，想定外の質問が途中で来た場合に臨機応変に対応することは難しくな

Copenhagen Business Schoolでのセミナー　Fu Jen Catholic Universityでの
　　　　　　　　　　　　　　　　　　　　　セミナー

ります。とくにシンポジウムにおいて議論していく力は，初めから誰にで
もあるわけではなく，経験を積んでいく中で身につくものです。限られた
時間の中で一方的に話すのではなく，相手とのやり取りの中で柔軟に議論
を展開できるようになることが求められます。

「緊張」とのつきあい方

　最後に，「緊張」について少し触れておきます。緊張しすぎると普段の
自分の力を出せなくなります。本番に強い人と弱い人がいます。失敗への
恐怖心が過度にあると，上手く発表できなくなります。そうならないよう
に，スポーツ選手が行うようなメンタルトレーニングやイメージトレーニ
ングは有効だと思います。当日のことをイメージしながら発表の練習をす
ることを勧めます。私が心がけているのは，十分な事前準備と当日本番前
に集中力を高めることです。十分な準備は必要以上に緊張することを和ら
げてくれます。そして学会やセミナーでは，直前までは緩めておいて，こ
れからという時にぐっと集中力を高めるようにしています。ずっと緊張状
態だと疲れてしまいます。いずれにせよ，相手が誰だろうが，恥をかこう
があまり気にしないように心がける方が良いと思います。気にしても今あ
る力以上のものは出せませんし，失敗しても人は細かいことまで覚えてい
ないものです。当日体調を崩さないように注意することも大事です。そし

てあとは経験を積むことです。研究者は，研究発表することを避けて通れ
ませんから，いろんな場に対応できるよう少しずつ経験を重ねていくしか
ありません。

Column
ライブのディスカッションの醍醐味

　国際的なカンファレンスでは，個別セッションにおいて自分の研究発表
をするだけではなく，キーノートスピーカーとして，また全体セッション，
パネルディスカッションのパネリストや司会者（座長）として招かれるこ
ともあります。もしそういった招待が来たときは，内心「きついな」と思
っても，チャンスが与えられたのですから，万難を排してスケジュールを
調整し，引き受け，準備をしましょう。私も初めて招待を受けた時は，自
信などありませんでしたし，壇上ではひやひやものでしたが，そういう場
に出ることを通して様々な人とつながり，関係が広がってきました。

　キーノートスピーカーは，カンファレンスで設定されたテーマの研究領
域において認められた研究者が招待されますので，とても名誉なことです。
ここでは一般の研究報告のように細かくテーマを絞るというより，大会テ
ーマに関する背景や研究動向，そこでの自分の貢献なども踏まえ，少し広
めに議論することが望ましいと思います。ただし，つい気合いが入りすぎ
て時間オーバーにならないように注意する必要があります。ここにはカン
ファレンスに来ている多くの人が参加しますので，良い講演をすると評価

台湾高雄でのシンポジウム　　　　　　　ドイツベルリンでのシンポジウム

が高まり，また他の場にも呼んでもらえることにもなるでしょう。それは全体セッションの場合でも同じです。逆に残念な講演をしてしまうと，次のチャンスはないかもしれませんので，頑張りましょう。

　パネルディスカッションに招待されることも名誉なことです。設定された大会テーマに関して選ばれた数人のパネリストの一人として役割を担うわけですが，司会者や他のパネリストとの兼ね合いを考えて議論しなければなりません。流れを考えずに自分の意見ばかりを言うことは問題外ですが，議論はどんどん展開していきますから，そこでどのように自分の意見を入れ込んでいくかが大事です。ただ自分の存在証明のように何でも口を挟めばいいのではなく，この場の議論を進展させていけるように，時には自分から議論を引っ張ることも必要です。聴衆側はその分野の最新トピックスについて，選ばれた人たちのライブの議論を楽しみに聞いているわけですから，初めから決まった質問に順番に答えているだけではつまらないですね。多様な意見が出て，展開が早い中でも議論に建設的にコミットできる力が求められます。

　こういったセッションに招待されている多くの人は議論の仕方に慣れているので，与えられたテーマに関して，設定された時間の中で自分の意見を手短に話し，他の人と議論しています。司会者も議論の流れの中で臨機応変に話を広げています。大事なことは他のパネリストとの議論の中で自分の研究や考え方に基づいた話をしていくことです。司会者の問いかけにどう答えるか，それに対し他のパネリストはどう切り返すのか。それぞれの考えをぶつけ合うライブのセッションは，参加しているとスリリングですし，聴衆として聞いていてもとても興味深いものがあります。

　新しいテーマについて研究者のみならず，セクターを超えてパネリスト

が招待され議論することが増えています。企業，政府，NGOなどからの代表と議論するセッションはさらに多様性が増し，どのように展開するか予測がつかない場合もありますが，議論慣れしている人たちが集まって熱いバトルを展開するセッションはカンファレンスの楽しみの一つです。

　パネルでの議論は急に展開が変わっていくので，柔軟に対応できる力が求められます。事前に打ち合わせ時間をとって集まることもありますが，あまり細かな段取りをすることはなく，自己紹介と雑談で終わってしまうことも多いです。それでもどういう雰囲気でどのように話す人かが分かると助かります。以前こんなこともありました。あるパネルで始まる前に珍しく丁寧な打ち合わせがあり，イギリス人の司会者が仕切って，こんな展開にしたいと言われたので，それを理解して壇上に上がりました。しかし議論が始まって間もなくある人の発言から急に話の方向が変わり，いきなりあなたはどう考えるかと振ってこられたことがありました。また聴衆の一人として会場で聞いていた時，司会者が私を見つけて，日本ではどうなっている？といきなり聞いてこられたこともあり驚きましたが，そういったライブ感が面白いのです。

　また特定のテーマについてみんなが参加するタイプのワークショップでは，少人数で議論し合うので逃げ場はありません。いっしょに議論を作り上げていくという感覚が必要です。ある程度参加者がいる場合は，数人の小グループをつくって議論し，そこでの議論を全体で話し合うような双方向の議論に参加することになります。自分の意見も伝えたい，人の意見も聞きたい，まさに議論（argument）を行う中で新しい発見があったり，新しいネットワークができるものです。

　日本の研究者にとって，こういったカンファレンスでのパネルディスカ

中国深圳でのワークショップ

ッションやワークショップはまだまだ一般的ではないかもしれません。事前にそれぞれの報告資料と論点を整理したものを共有して欲しいと求める人もいますが，パワーポイントを使わない人もいるし，大きな論点を設定できても事前に議論の流れをスケッチすることはできません。それでは何を議論して良いのか分からないと参加をためらう人も中にはいますが，研究者はこういった場にも慣れ，ダイナミックな議論を経験していくことはとても大事なことです。

　この手の議論に慣れるためには，まずはいろんなパネルディスカッションでのやりとりを聞くことが良いと思います。人の批判をするのは簡単ですが，自分がその場にいたらどう発言するかという姿勢で聞くことです。ライブのセッションでは，議論がどんどん展開していきます。研究者として成長するためには，一人で文献を読んだりデータ分析をしているだけではなく，そういう場に出て行って，自分の考え方や議論する力を鍛えていくことがとても重要だと思います。

　カンファレンスにおけるセッションに限らず，様々な機会を捉えて人と議論することはとても大事なことです。人と向き合い議論することを通して自分の考えを振り返ったり，組み立て直したり，また新しい発見を得た

りすることができます。それはとても意味のあることであり，わくわくする経験でもあります。カンファレンスという場は，そういう出会いの場でもあるわけです。

グローバルなアカデミック・コミュニティ

6-1　アカデミック・コミュニティにおける活動

　日本の多くの研究者は，これまでもっぱら国内の学界コミュニティで活動してきました。日本の学会の多数は，日本人の日本人による日本人のための学会で，発表も学会誌の出版も日本語でなされています。学会にも他の組織と同じように，世間の関係性が存在します（阿部，2001）。日本にいる限りはこういった関係性に配慮する必要もありますが，どうしても世間的発想の限界，日本語の限界があります。教授は英語でProfessorですが，国内外でそのイメージするところや期待される役割に大きな差があり，もっとグローバルなレベルで活動していくことが求められます。そもそも研究自体はグローバルなものです。国際的な場で研究者としての仕事をし，そこでの役割を担っていく人が増えることが期待されています。

　研究者の基本は，研究し，論文を書き，出版することです。一人で論文を書くことのみならず，共同研究を進めることもあります。しかし，研究者にはさらに広いアカデミック・コミュニティにおける活動が期待されます。Devinney（2014）は，「出版することは，広い学術的な世界におけるコミュニケーションの一部であってすべてではありません」と述べています。

　研究者にはそれぞれの専門領域のコミュニティに参画し，そこでの役割を果たすことが期待されています。例えばJournal論文のレビューアー，エディター，学会やカンファレンスの運営委員，また招聘教授などの役割を積極的に担っていくことです。さらに，サバティカルで訪れる研究者の受け入れ，自校の院生のみならず海外の博士論文の外部審査員，ポスドクの審査や受け入れ，公的・私的研究費や助成金の審査委員などもあります。それ以外にも，政府や国際機関，民間組織（企業やNGO）において役割を担うこともあります。一般向けの国内外の雑誌や新聞に解説文を書いた

り，インタビューを受けたり，解説書を出すこともあるでしょう。このような様々な役割において，アカデミック・コミュニケーションが求められています。

Research Gateの世界

ところで，アカデミック・コミュニティの中には様々なネットワークがあります。学会の会員ネットワークから，専門領域にかかわるインフォーマルなネットワークまで。こういったコミュニティの中では，カンファレンスやセミナーの案内からJournalへの投稿や特集号への招待，新しい書籍の企画やbook chapterの執筆依頼など，様々な誘いがあります。

広く研究者をつないでいるものの1つにResearch Gateがあります（https://researchgate.net）。この10年程で急速にその規模を拡大させ，参加者は1600万人に達しています。個々の研究者が自分の論文をプラットフォーム上にアップし，共有することで自由に閲覧することができます。その読まれた回数（1週間ごとにその数値を知らせるメールがきます），引用回数（自分の論文を誰かがどこかのJournalで引用しているのを見つけるとメールで知らせてくれます），他者からの推薦数を示したり，それらに基づき論文の関心度（インパクト）を数値化しています（Research

図6−1 │ Research Gateのフロントページ

https://www.researchgate.net/

InterestやRG Scoreについてはp.87参照）。Research Gateでは自分のページに現在の研究テーマを示し、協力者を募ることもできますし、個人間のメッセージのやりとり、質問や回答も自由に行うことができます。関心のある人をフォローしておくと、また人からフォローされていると、その人が新しい論文を出版した際に案内がきます。

　以下ではアカデミックな世界における大事な役割の中から、Journalのエディターにかかわる仕事と客員教授の仕事、それにサバティカルについてお話ししておこうと思います。

6-2　エディターの仕事

　Journalは、エディターとレビューアー、そして出版社の努力によって成り立っています。各Journalはそれぞれエディターの選出基準をもっており、新しいエディターはEditor-in-chiefやEditorial Board Memberの推薦を経て決まります。もちろん推薦されることは名誉なことですから、忙しくてもチャンスがあれば引き受けるべきだと思います。ただしこの仕事には時間が取られますし、あくまでボランティアなので報酬はありません。Journalによりますが、年間数百本から数千本の論文が集まり、数人から十数人の編集委員Editorial Team（Editor-in-chiefとAssociation Editor）が分担し、数ヶ月の間で2人のレビューワーを探し、最終評価を下す必要があります。この一連の作業には、高い使命感と倫理観、公正さが求められます。こういった作業はすべて出版社のオンラインのシステム上でなされます。地球上どこにいても、いつでもこのシステムを通してメールが飛んできてすぐ対応しなければなりませんので、なかなか大変な仕事と言えます。

　エディターはまず、p.83で説明したように、投稿された論文がJournal

の守備範囲のテーマか，所定の書式が守られているか，学術論文として成り立っているかなどをチェックします。それがOKであれば，論文に最適なレビューアーを2人探し，査読を依頼します。論文の採否はレビューアーの評価がベースになるのですが，専門のJournalといっても様々な論文が集まってきますのでエディターはある程度経験を積んだ人が求められます。丁寧に対応すればするほど時間は取られますから，中にはこの仕事は自分の研究に差し障るので引き受けないという人もいるようです。学会誌の場合は，数年任期で替わる場合が多いです。しかし一般のJournalの場合，とくに比較的新しい専門のJournalが成長戦略をもって取り組んでいる場合には，もっと長い期間に渡ってかかわっていくことが必要だと思います。自誌の現状分析から，特集号の企画，論文投稿の依頼など，広報的な仕事も必要です。いずれにしても，この仕事を行うには，編集の役割を担っている責任感，当該領域の発展に貢献しているという自負とお互い様精神が必要です。もちろん国際的な研究動向を把握できるというメリットもあります。

レビューアーの仕事

　レビューアーは，依頼を受けた論文を読みきちんとコメントを書かねばならず，責任ある役割があります。リジェクト（reject）と評価するのであれば，何が問題か明確に書く必要があります。いい加減なコメントを書くとエディターや投稿者を説得できないばかりか，本人の評価を下げてしまいます。これももちろんボランティアです。忙しい中であっても，エディターと同じく，アカデミック・コミュニティに貢献している自負とお互い様という感覚がなければできない仕事です。私が初めてあるJournalからレビューを依頼された時は，一所懸命コメントを書きましたが，自分自身もエディターから審査されているような気がしました。「この程度のコ

メントしか書けないのかと思われたら嫌だな」という感覚がありました。あるいは，あるトップJournalのレビューをした際，審査が終わった後エディターがお礼と共に3人のレビューアーのコメントを互いに共有し合ったとき，他の2人に比べて自分のコメントが浅いなあと恥じ入ったこともあります（どのJournalも最後にそれぞれのコメントを共有するわけではありません）。

Special Issueについて

Journalが新しいテーマについてSpecial Issue（特集号）を出す際，Regular Issue（通常号）とは異なる体制で組むことが多く，そのテーマにふさわしいゲスト・エディターを選出し，依頼することがあります。つまり，編集委員が担当するのではなく，そのテーマの専門家に編集を委託するものです。一般の研究者が特集号を組んでもらうようにJournalに依頼することもあります。また，先に書いたようにカンファレンスが大会テーマと引き付けて特集号を出してもらうようJournalに依頼する場合もあります。もちろん，編集委員はその依頼文を審査し特集号を出すかどうか決めます。決まればゲスト・エディター（1人から数名）が特集号の主旨を開示し，論文の受付から審査の全ての役割を担うことになります。以前，私が初めてゲスト・エディターとして特集号を引き受けた際，1人での編集作業でしたのでとても大変でした。呼びかけ文の作成から募集期間中の問い合わせへの応対はもちろん，特集テーマに合わない論文は通常号に回すかあるいは他のJournalに回すよう伝えることもありますし，desk rejectもあります。最終的に審査に回すことになった17本の論文について2人ずつレビューアーを探し審査・決定を行うわけですが，こういった一連の作業を限られた時間の中で1人で対応するには骨の折れる作業でした。

6-3　サバティカル

　海外の大学から招聘され，研究・教育に携わる客員教授の活動について説明する前に，サバティカルで滞在することについてみておきましょう。海外の大学に滞在し研究に専念することをサバティカルと呼びます（sabbatical leave。research leave, study leave とも言います）。これは半年から1年間授業や大学行政から離れて，有給で研究に専念する制度です（単なる休暇ではありません）。日本の大学では，研究上の必要性で自ら交渉して得るものではなく，何年か勤めるとサバティカルの権利が平等に順番に与えられます。自分で選んだ国内外の大学に出て行くことができ，その間の担当授業は非常勤で代講してもらうか休講になります。余裕のある大学だと長年同じ大学に勤めていると定年までに1～2回チャンスが巡ってくる場合があり，交通費や滞在費を補助してもらえるのですが，最近は大学によっては資金的，人的に余裕がなくなり，サバティカル制度自体がないところもあります。アメリカなどでは6-8年ごとにサバティカルをとるチャンスが回ってくる大学もあるようですが（明確なサイクルがあるとそれに研究のリズムも合わせられます），資金的な補助がない場合が多く，自ら資金を調達する必要があります。日本の大学では基本的に在任年数による順番ですから，必ずしも自分の研究上の必要性とは関係なく回ってくるものです。できればもっとフットワーク良く，数週間から数ヶ月，研究・調査のために出て行ける制度があると良いと思います。サバティカル制度がない場合は，たとえ短期間でも科研費などの資金で，学会参加の機会に研究者と会ったり，関係する大学・研究機関を訪問したり，という出張を勧めます。

手続きと心持ち

　チャンスが巡ってくると，どこの大学に行くか，いろんな伝手を頼って（知り合いの研究者に直接連絡する，誰かに紹介してもらう，大学間の協定を利用する）受け入れ先を探します。受け入れてくれる先生，大学が決まると，自らの大学と相手方の大学が求める手続きをし，訪問研究員（Visiting ScholarあるいはVisiting Researcher）として滞在することになります。アメリカで人気のある大学，学部，研究所には，世界中から滞在したいという希望者が集まるため，滞在費用の支払いを求めるところもあります。アパートなど住居は自分で探さないといけませんし，ビザ，住民登録，銀行口座の開設など滞在にかかわる手続きは自分で行う必要があります（それ自体もいい経験になります）。基本的に個室の研究室は与えられませんが，共同研究室や図書館などの学内施設は利用できます。ずっとアパートにこもって勉強している人もいるかもしれませんが，しかしそれはもったいないことです。せっかくの機会ですから積極的に大学のセミナーに参加したり，発表したり，議論する場に出かけて行くべきです。また滞在先の大学にとどまらず，是非他の大学の研究者とも会ったり，セミナーやカンファレンスに参加することを勧めます。普段から国際的な視野をもって研究活動をしていることで，サバティカルで出かけて行った際にそのメリットを活かすことができるでしょう。海外生活を経験したということだけではなく，その滞在がきっかけとなって新しい研究仲間ができた，帰国後につながるネットワークが広がった，新しい研究のきっかけが見つかった，ということがあれば素晴らしいことです。したがって，日本で一般に知られたごく一部の有名大学にこだわらず，自分にとって研究するに適した場を選べば良いと思います。もちろん出発までに英語力にできるだけ磨きをかけて，滞在先のコミュニケーションが進むようにしておきまし

ょう（第7章参照）。どこに行ったかではなく，何を学び，何を得たかが
大事です。

6-4　客員教授

　そもそも学問や大学という世界に国境はなくインターナショナルなもの
なのですが，日本では欧米の大学で勉強し，日本に持ち帰るというイメー
ジがいまだにあるように思います。もちろん，それぞれの分野で先端を走
っている研究室に行って学んでくることは意味のあることだと思います。
他方，教えてもらうという方向性ばかりではなく，共同研究を行う，海外
から学びに来る若手研究者やサバティカルの研究者を受け入れる，あるい
はこちらが教えに行くという方向性も求められています。日本の大学で国
際化という場合，すでに述べたように，教員自身の研究・教育の国際化が
もっと進まないといけないと思います。

　客員教授（Visiting ProfessorあるいはGuest Professor）とは，サバテ
ィカルとは違い，大学から招待されて滞在し，通期であるいは短期集中で
授業科目を担当したり，共同研究に加わることによって，大学への貢献が
期待されるものです。海外の研究者を招聘し，先端の研究内容を1回の講
演ではなく授業として体系的に話してもらう，また当該大学では手薄な研
究領域について最新の授業を行ってもらうことは，大変意義のあることで
す。オンライン（リアルタイム，オンディマンド）での授業形式も広がっ
ておりそのメリットもありますが，face to faceで授業を行うことのメリ
ットは，単に知識を伝えるということではなく，直接質問したり答えたり，
議論できるところにあります。同じ教室にいることで，周りの人々の反応
もわかります。こういったコミュニケーションを通して，文献を読んだだ
けでは分からないその先生の学問への姿勢，思想に触れることができると

いうライブの意義があります。一定期間大学に滞在することで，学内のセミナーにも参加してもらったり，いっしょに食事をする機会もあり，様々な話題の話ができます。このように，海外の研究者が客員教授として集中講義や共同研究で大学を訪問してくれることは，学生への高い教育効果や教員への刺激になり，大学の国際化，活性化につながると言えます。大学の国際化が叫ばれ，アジアの大学も英語での授業を増やしたり，海外の大学から客員教授を招いたり，積極的な取り組みを進めています。

　客員教授には研究室やアパートあるいはホテルが用意され，報酬も出ます。大学と契約を結び，住民登録，滞在許可書，ワークビザの取得にもサポートがなされます。有名な教授になるとオファーも多く，フライトやアコモデーション（宿泊施設）で優遇されているようです。日本の大学にも海外の教授を客員教授として受け入れる制度は少しずつできてきましたが，逆に日本の教授が海外から呼ばれた際に送り出す制度はまだあまり整備されていません（次のColumnを参照）。

　ところで，実際に客員教授として招聘され授業を行うことは名誉なことでもあり，意義深いことでもあります。海外の大学に一定期間滞在し，そこで初めて会う学生たちと授業を成り立たせていくことには難しさと面白さがあります。日本人の学生に対して授業する場合は，だいたい学生たちの背景や雰囲気が分かっているのですが，これまで教壇に立ったことのない海外の大学になると，国によって人種も宗教も異なり，もちろん大学の雰囲気や学生の背景もよく分かりません。国際的に共有された学問のディシプリンや理論，それに自分の研究に基づいた成果を踏まえ授業を行い，議論していくことが求められます。学生に質問したり，一緒に議論する中で，彼らの習熟度や理解度，雰囲気も次第に分かってきますので，徐々に慣れて授業を組み立てていくことができます。

　どこの国に行っても，日本の教授がどのような講義をするのか，内容も

方法も含めて，興味を持って授業に臨んできますので，その期待に応える
必要があります。

Column
客員教授の経験から

　私にもこれまで幾つのかの大学から客員教授として呼ばれ，授業を行う機会がありました。留学経験もない人間が，初めて海外の大学に長期滞在し教えに行くことは無謀のように思いましたが，私を信頼して迎え入れてくれたFree University BerlinのV. Blechinger教授には感謝の思いがあります。ドイツ語を学んだこともない私が，同大学にこれまで３度も客員教授として滞在することになったのは，縁としか言いようがありません（このあたりのことは，谷本，2019参照）。

　ところで，日本の多くの大学では客員教授として海外の大学に出向く制度的体制は十分ではありません。海外の大学から教授を短期間招聘する制度は増えてきましたが，日本の大学から海外に出るのは，学会参加や調査のための出張，サバティカルしかなく，教えに行くという場合，既存の枠組みの中で調整し招聘に応えるしかありません。すなわち，春休みや夏休み期間中，学期中に１週間程の出張で集中講義に出かける，半年や１年にわたる場合はサバティカルの制度を利用して出かけることになります。またクォーター制を利用して２ヶ月間の時間をつくって，半期集中講義に行くことも可能です。この場合，日本ではゼミが通年で設定されているのでその対応が難しいのですが，例えば秋クォーターのゼミを休んで冬クォーターで週２回行う形にすれば，２ヶ月間の時間をつくることができます。もちろんそれが可能かどうかは大学・学部によります。

　海外の大学に出向き初めて出会う多様な学生たちに，集中講義，通期の

講義を行うことはチャレンジングなことであり，新しい出会いに満ちた得難い経験です。当然大学の雰囲気も国民性も違いますから，その国，その大学の背景や位置づけを知り，学生たちがこれまで何を学んできたか，学力や英語力を見極める必要もあります。大学院生の場合は数十人までですので，座席を固定し名前を早く覚えられるようにしていますが，大人数になるとそれはなかなか難しいですね。名前を正確に発音することも容易ではありません。ティーチング・スタイルは，日本で行っているようにBlackboard＝LMS（学習管理システム）に講義資料や参考文献の論文をアップし（大学によってシステムが異なりますから慣れないといけません），レポートを書かせたり，授業中にショートプレゼンをさせたり，小

ドイツFree University Berlinにて

台湾National Taipei Universityにて

インドネシアParahyangan Catholic University にて

ドイツHamburg School of Business Administrationにて

グループに分けで議論させたり，できるだけ双方向になるような仕掛けを行います。そのことを通してだんだん学生たちの姿が見えてきますし，何を考えているかも分かるようになってきます。最後に試験を行い，授業への参加度を含めトータルで評価します。

　どこの国の大学でも，積極的に準備し質問してくる学生もいれば，準備せず受け身でいる学生はいるものです。しかし海外から教授が来校して行う講義には，大抵熱心な学生が集まってきます。留学生も含め多様な学生とのやりとりは，楽しい経験です。最終日に寄せ書きのカードなどをもらったり，一緒に写真を撮ったりするとうれしいものです。

　サマースクールについて少しだけ触れておきましょう。欧米の多くの大学は，夏休み期間中に学部生や院生向けに，テーマを定めたオープンなサマースクールを開催しています。1週間〜3週間程度のものまで，そして自校の教員のみならず，テーマに応じて外部から専門の研究者や実務家をゲストとして呼んでプログラムをつくっています。世界中の学生が関心あるテーマを見つけて参加しており，日本の学生たちにも是非参加することを勧めます。そこで得た単位は多くの場合自分の大学に持って帰れます。大学側から見ると，一つのビジネスでもあり広報でもありますが，大学の資源を活用し，多様な学生に対して学びの場を提供することには大きな意義があります。

　例えば，私が講師として呼ばれたドイツのHamburg School of Business Administration（HSBA）のサマースクールでは，CSR Managementをテーマに，2週間に渡って大学人と実務家が講義を行いました。ここの受講資格は，学部か修士において経営学を学んだ博士課程

の学生か卒業して2年以内の社会人で，英語で議論できる能力を持つことです。20人の定員に世界中から好奇心あふれる若い連中が集まっていました。このサマースクールへの参加理由を聞くと，CSRに関係するテーマに関心がある／仕事をしている，現在研究している，自分の大学には関連科目がない，ヨーロッパに行きたかったのでここを選んだという人もいました。出身国を見るとドイツは2人で，アメリカ，ヨーロッパの主要国のみならず，アジアからカンボジア，パキスタン，キルギス，さらにガーナ，ウクライナ，アルメニアから優秀な学生が参加していました。彼らは講義のみならず，食事や企業見学を通して，参加者同士の交流から学ぶことはとても多かったと思います。私はCSR and Stakeholderのテーマを担当し，1日を通して授業を行いました。学生からの質問，学生とのディスカッションを通して，多様な発想・考え方に出会うことができ，貴重な経験でした。

海外での適応力，変化へのチャレンジ

7-1　変化を恐れない

　ここまで述べてきましたように，日本の研究者とくに若手研究者や中堅の研究者はドメスティックなコミュニティにとどまっているのではなく，思い切って外に出て行くことを勧めます。英語で論文を書き，カンファレンスで発表する。挑戦して失敗してもそれが大きな経験になります。中堅の研究者にとっては，今さら遅いという思いや，恥をかきたくないという思いもあり，殻を破って外に出て行く勇気はなかなか出てこないかもしれません。そこでは日本での肩書きや評判は通用しませんから。しかし，そこでもう一度挑戦し変化していかなければ，50代はそれまでの遺産を食いつぶすだけで終わってしまうかもしれません。自分を変えていく（self-renewal, self-innovation）挑戦が求められます。もちろんそれは簡単なことではありませんし，誰しも失敗することを好みません。ただ失敗を恐れるあまり，その後の人生で新たな可能性を見出すチャンスを失ってしまうかもしれません（No pain, no gain）。島岡（2009）は，ジャーナリストAlan Deutchman の Change or Die（2006）から「チャンスとは必ず変化をもたらし，変化は痛みをともなうものである。しかし，チャンスが変化を，変化が痛みを意味するかぎり，人はチャンスを逃し続ける」という言葉を引用しながら，研究者はリスクを取らないで何かをしなかった結果，成長する機会を失ってしまうリスクを考えるべきだ，と指摘しています。変化することは容易なことではありませんが，新しい世界に飛び込むこと，新しいテーマを切り開いていくことはとても重要なことです。「いま失敗するという小さなリスクを取らず，少しぐらい不満や不具合があっても現状維持を選んでしまうことによって，結果として長期的には大きなリスクにさらされる可能性がある」と言えます（島岡，2009）。

研究スタイルを変える勇気

　経営学では，組織の構造的慣性（組織の構造，戦略，行為，文化が変わりにくいということ）の弊害を説き，組織変革を訴えますが，研究者自身の行動の慣性も強く，なかなか変えられないものです。それも環境変化に対して組織が適応できないと生き残れないという状況とは異なり，とくに変革を促す環境変化がない，あるいは適応できなくとも生き残れないわけではないという状況下では，自己変革は強く求められるものではないかもしれません。従来のスタイルを変える必要性がなければ無理することはない，ということになるでしょう。これまで長年やってきた研究スタイルや研究環境を変えることは，若手研究者にも中堅の研究者にも難しいことで，勇気のいることだと思います。しかし，自ら現状を打破し変えていこうと思っている人には，グローバルなアカデミック・コミュニティに飛び込んで行くチャレンジが有効です。迷ったときは，研究者を志した頃の初心を思い出して欲しいと思います。まずは，カンファレンスに出かけてこれまでと異なる世界に触れる。次に，そこでの発表機会を得るために申し込む，さらにJournalに論文を投稿する。そのようにグローバルなアカデミック・コミュニティの中でネットワークを広げ，研究・教育の機会を広げていくことは，とても重要です。サバティカルで海外の大学に滞在することも，大きなきっかけになるでしょう。

海外滞在への不安

　ところで，躊躇する原因の一つとして，これまで海外経験がないことへの不安があるかもしれません。企業での調査ですが，日本能率協会の新入社員意識調査によると，海外転勤したくない人は7割近くあり（2019年度），その理由は「治安や食生活，衛生面での不安」や「言葉の不安」，

「家族や友人，恋人と離ればなれになってしまう」などが挙げられており，研究者にも共通する部分があるように思います。

　学会発表のような数日間の海外出張から，数週間，数ヶ月，1年に渡って滞在し研究，調査，教育を行う場合，あるいは海外の大学で就職する場合，現地の環境に溶け込めるか，大学に馴染むことができるかどうかは重要なことです。環境に馴染まず体調を崩してしまうと，成果を残すことはできません。初めてサバティカルで海外生活をして，数ヶ月もしないうちに体調を崩し帰国した人もいます。研究・教育は，日常生活と切り離してあるものではなく，常に一体のものです。無理を続け，リズムを崩してしまうと，普段通りの力が発揮できないことになってしまいます。新しい環境への柔軟な適応性や好奇心も，健康管理には大事な要素です。対応できず精神的にきつくなると体調も維持できなくなりますから。

　世界で高い業績を上げて評価されている人たちは，猛烈に仕事をしています。休みを取り家族を大事にしながらも，まさに鎬を削っています。彼らにストレートに感化され，自分の生活リズムを乱して仕事をしていては長続きしません。生活とのバランスを取りながら取り組んでいく必要があります。慣れない海外に出た場合，そのバランスを崩してしまうと，仕事もできなくなります。そこで以下では，海外での適応力，海外での研究・教育活動を支える精神的，肉体的な健康について少し考えておきましょう。

7-2　適応力への課題

　どこの国に行ってもそれぞれの環境の中で適応でき，仕事をすることができるかということです。旅行ではなく，ある程度の期間に渡って生活し，いつもと変わりなく仕事をするということは，一般的に言ってそんなに簡単なことではないかもしれません。言葉はもちろん生活習慣の違いがある

中で，また新しい人間関係の中でそれを面白いと好奇心を持って受け止め，順応できる適応力が求められます。環境の違いに柔軟に対応できないと本来の力を発揮できません。それは研究者のみならず，芸術家やスポーツ選手でも同じで，国際的な場で実力を発揮できる人とできない人がいます。海外で良い成果を出せる人は，日常生活でもうまく調整ができているのだろうなと思います。日々の生活の基盤が安定しないと，仕事でのパフォーマンスも上がらないですから。環境変化への適応力は重要です。

異文化コミュニケーションの4つのポイント

適応力という場合，それは日本的組織の中で空気を読むような適応性ではなく，異なる世界の中で異なる文化・価値観の存在を知り，受け止め，交流していける力のことです。本章は異文化コミュニケーション論の解説をしようとするものではありませんが，そこにはいくつかポイントがあると思います。とくに(1)言葉，(2)生活習慣，(3)人とのつきあい方，(4)食事。これらは相互に関係していますが，基本的なことをまとめておきます。

(1)　言葉について

世界中の非英語圏からアメリカに来る研究者の中で，英語でのコミュニケーションで苦労するタイプとして，島岡（2009）は次の3点を指摘しています。日本人，30歳以上の男性，立食パーティーが苦手な人。やはり最低限コミュニケーションができる語学力をつけて，人と交わっていく努力が必要です。話をしなければ仕事もできませんし，信頼関係をつくっていくこともできませんから。ただし，それは流暢に英語，あるいは現地語を話すことを求めるものではありません。自分がこれまで蓄積してきた専門領域について下手でも語れるようになることが基本だと思います。英語が

母国語の人にとって，日本人の私が英語を少々上手に操れたとしてもその
こと自体に大きな関心はありません。アジア系であっても，英米で生まれ
育った人はネイティブ・スピーカーですから，普通に英語が使えて当たり
前です。英語自体の上手下手ではなく，話の中身が問題です。その点，中
堅の研究者にはこれまでの研究の蓄積がありますから，自信を持てばいい
と思います。若手研究者も，自分の研究について話すことから始めましょ
う。サバティカルで一年間海外の大学に行っても，ずっと自分の勉強に集
中していると，人と英語で話す機会はほとんどないかもしれません。前章
で述べましたが，積極的にセミナーなどに参加し，発表し，議論するとい
う経験を積んでいかないと，せっかくの機会は活かせません。人との立ち
話や雑談を厭わないことです。コミュニケーションで大事なことは，積極
的に関係をつくろうとする心持ちできちんと言葉で伝えること，できるだ
けオープンに誠実に話すことです。

　ところで，日本の学生にありがちな英語への取り組み姿勢として，例え
ばTOEICで高い点数を取ることに注力したり，短期語学留学に幻想を抱
いていることが見受けられますが，それではなかなかものにならないだろ
うと思います。何のためにということを抜きに，また伝えるべきものをも
たず，英語学習自体が目的化していると成果は得られないでしょう。目的
と手段を取り違えてはいけません。

⑵　生活習慣について

　生活していくにあたって，基本的な文化や風習，宗教の違いは理解して
おく必要があります。その上で，時間の感覚，食習慣，休みの取り方，家
族との関係など基本的な価値観の違いを知ることがとても大事です。あま
り無頓着でいるとトラブルの元になります。ガイドブックに基本的なこと

は書いてありますが，人とのつきあいの中で実感し学んでいくことが有益
です。また公共サービスや一般の買い物において，日本のような丁寧な消
費者サービスを期待してはいけません。場合によっては自ら交渉しなけれ
ばならないことは少なくありません。例えば，飛行機が遅延し乗り継ぎが
うまくいかなかったとき，黙っていても対応してくれるわけではなく，自
分で次の便あるいは翌日便になる場合はホテルの用意を依頼するなど折衝
しないといけません。そういった交渉にも慣れる必要があります。

⑶　人づきあいについて

　個人と個人の関係性，個人と組織の関係性の違いや，その国でのコミュ
ニケーションの取り方を理解することです。先にも述べたように，英語力
の自信のなさで引っ込み思案になっていてはいつまでたっても溶け込んで
いけません。日本とはコミュニケーションのスタイルが違いますから，積
極的に働きかけ関係をつくろうという気持ちが大事です。大学の内でも外
でも，黙っていても新しい関係はできません。日本での肩書きや評判は共
有されていませんから，○○大学の教授だからなのではなく，この人は何
を考えている何者なのかが大事なのです。またどこの国でも同じですが，
損得勘定で動いていては，後につながる良い関係ができるとは思えません。
著名で有力な教授や研究室の人たちとつきあっておくと得だというような
発想では，周りの人からもその行動パターンを見透かされます。また名刺
を交換するだけでは，新しい関係などつくれません。自分が本当に面白い
と思う，議論してみたいと思う人にぶつかっていくことが大切です。第5
章でも述べたように，カンファレンスに参加したとき，コーヒーブレイク
やランチ，ディナーには積極的に参加し，話の輪の中に入って，自ら話し
かけるように試みましょう。話し合う中で互いに面白いと思うと，その後

長い関係ができるものです。一度信頼関係ができると，私の場合でもそうですが，食事に誘われたり誘ったり，セミナーに招待されたり招待したり，さらに共同研究に誘われたり誘ったり，客員教授として招聘されたり招聘したり，というような関係ができてきます。

⑷　食事について

　海外においても変わらぬリズムで食事を取れること，何でも好奇心をもって食べられることは強みです。食生活にかかわる習慣に慣れることも大事です。とくに長期に滞在するとなると，毎日の食事はとても大きな要素です。まずその土地のものをおいしくいただけ，楽しみに感じると強いですね。どうしても日本食や米が必要という人は無理をする必要はないでしょう。今や世界の主要都市のスーパーでは（中国・アジア系スーパーでなくても），日本のものが比較的簡単に手に入ります。また適当に自分でつくって食べて生活する能力は，とくに海外に出たときには必要だと思います。単身で出た場合は，スーパーで買い物をし，食事を作ることは，気分転換にもなります（一言付け足しておくと，最低限の家事もできないようでは，人生においてもサバイバルできないと思いますし，また生活感覚のない人は，社会科学の研究においても常識的な発想も持てないように思います）。上の⑶ともつながってきますが，昼食はできるだけ人と一緒に取る機会をつくり，話をすることを勧めます。大学の食堂で知っている人がいれば，気軽に声をかけて隣に座って話に加わることです。逆に自分を見つけて声をかけてくれる仲間ができると，うれしいものです。友人ができていっしょに遊べる関係ができると，より楽しく暮らせます。

好奇心を絶やさず

　これらはどれも基本的なことですが，海外に出ると初めの頃はなかなか思うようには対応できないかもしれません。大事なことは，日本とは異なる文化や社会に好奇心をもってかかわること，柔軟な対応ができること，人とのオープンで正直な関係をつくれることがとても大事だと思います。研究者の場合，互いに同じアカデミック・コミュニティにあり，大学や研究については共通の理解や価値観があるわけですから（例えば大学運営から授業のあり方，さらに理論や分析方法など研究の善し悪しについて），コミュニケーションしやすい前提があると言えます。

　日本のコミュニティにいるときと同じように，まわりが理解，評価してくれるわけではありませんから，自分の狭い行動パターンを取り払って，積極的に多様な価値を柔軟に受け止めながら自ら表現していくことが大事だと思います。一度カンファレンスに参加してみたけれどうまく行かなかった，サバティカルに出かけてみたけれど環境変化や大学に慣れず挫折したという人は，仕切り直しをしてまた挑戦してみたら良いと思います。

7-3　何のために

　こういったことを考えてくると，最終的には「何のために仕事をしているのか」という根本的な問いにつき当たるように思います。

　研究職を選択したのは，金銭的な報酬を追求することでも，あるいは何らかの組織の長になることでもなかったのではないでしょうか。もちろん最低限の報酬も必要ですし，いかなる組織もみんながフリーライダーになれば機能しなくなります。しかし，学内の学務や教育サービスへの対応に追われて，時間的余裕がなくなっている現状があるかもしれません。日本

の大学の仕組みを考えると，日々の学務を無視することはできないでしょう。そんな中でも，研究者になったのは，それぞれの領域における研究を通して学問的貢献をすること，経済，社会の問題の解決に貢献すること，そしてそのことを通して自分が成長していくことにあったのではないかと思います。歳を取るにしたがってその想いが変わっていくこともあるでしょう。しかしそれで良しとしない人は，忙しくても時間を意識してつくる必要があります。自己革新をしていく努力がなければ，日々の忙しさの中で時間はすぐに過ぎていきますし，新しいことに挑戦することはだんだん難しくなっていきます。

Impact on a Field ！

また学界における論文主義の競争の中で，インパクファクターの高いJournalに出すこと自体が目的になってしまうことも見られます。もちろん就職するため，昇進するため，より良い職場を得るためには，より高い業績が求められます。と同時に，その競争の中にあっても，常に何のために論文を書いているのかを忘れてはいけません。論文競争主義に入り込むと，どうしてもJournalでアクセプトされそうなテーマや理論，方法を選択することになります。そうせざるを得ないのが現状なのですが，Ramasarma（2014）はそれをjournal-driven researchと呼んでおり，そもそも自分が関心をもって社会的に意義があると考えて取り組む研究姿勢とは違いがあります。Devinney（2014）は，研究はimpact on a resume（履歴書へのインパクト）ではなく，impact on a field（研究領域へのインパクト）を目指して取り組むべきだと述べています。研究論文を通して自分の研究領域，さらに経済・社会問題解決の一助となる，たとえそれが小さな貢献であったとしても，そういったインパクトが求められることです。社会的課題に実務的なインプリケーションを示していける研究の成果

も重要で，それを評価する軸も大事です。このバランスをいかにとるか，それは個々の研究者の価値観や信念の中にあると思います。第4章でも述べましたが，このような姿勢で研究仲間から評価され，息の長い仕事を続けられることがとても大事なことだと思います。ノーベル生理学・医学賞受賞者の大隅良典氏は，研究者にとってインパクトファクターの高い雑誌に論文を掲載することが研究の目的になってしまえば，それはもう科学ではないだろう，インパクトファクターや論文数で評価できる訳ではない，科学者は楽しい職業だと示せる人が増えないといけない，と述べています（日刊工業新聞，2017年12月29日）。

　もう一つ，第2章で触れたように，日本ではメディアへの露出頻度が高いことが社会的に評価される大きな基準になっており，啓蒙書を書き，メディアに登壇することを目指している人も少なくありません。学界と実務をつなぐ仕事に意義があることはすでに述べたとおりです。しかしながら，もっぱらそこでの活動にかかわっていくようになれば，アカデミック・コミュニティへの貢献はだんだん難しくなっていくと言えます。大切なことは，本来の研究とのバランスをとることです。メディアからの誘いが増えると，研究に集中しにくくなります。そもそも何のために研究者になったのかという原点を常に思い返して欲しいと思います。

研究者の研究戦略

　研究者が自らの研究戦略を考える場合，今取り組んでいる研究に，あるいはこれまで積み重ねてきた研究に少しずつ改良を加え，広げ，深めて研究を続けていくことが一般的だと思います。incrementalでsustainableなイノベーションへの戦略とも言えます。テーマの展開の仕方にもよりますが，それを何年か続けていくうちに，先にも述べた行動の慣性が強まり，同じ発想や研究スタイルが根底に沈殿し，新しいものが出てこなくなる可

能性が高まります。とくに過去の研究に対して評価を得ると，これまでの
やり方を変えることは難しくなります。それは経営学で言ういわゆる「成
功の罠」の現象です。これは，経営学者Clayton Christensen教授のいう
「イノベーションのジレンマ」と似ている点もあるかもしれません。成功
した企業は，その成功を持続させるためにこれまでの製品に改良を加えて
いきますが，次第に新しい環境変化に対応できなくなっていきます。研究
者の場合は企業の市場競争とは異なりますが，自分の研究の行き詰まりを
打破するブレイクスルーが必要です。自ら現状を積極的に変えていければ
一番良いのですが，それがなかなか難しいと言えます。

　そこですでに述べたように，これまでとは違う研究環境の中に身を置く
ことも一つの方法だと思います。サバティカルが良い契機となるかもしれ
ません。あるいはカンファレンスに参加し，様々な人と交流することで新
たな発想を得るきっかけになるかもしれません。そのことが内向きに固ま
っていた視点や姿勢を見直し，変化させていくきっかけになれば良いと思
います。周りから刺激を得て現状を反省し，少しずつでも変えていければ，
新たな視点で取り組むことが可能になっていくでしょう。

7-4　ブレイクスルー

　研究者の仕事は，頭の中で考えているだけではなく，その成果を論文や
著書という形で出版することが求められます。忙しいという言い訳をせず，
継続して研究を行い，結果を残すことが求められています。それがプロな
のですが，先にも述べたように，継続してということが簡単なことではあ
りません。プロの世界では，頑張ったから，忙しかったからと言っても，
結果が出なければ，評価されません。大学人も忙しいという言葉はつい使
いがちですが，単にスケジュール管理が悪いだけかもしれず，よく考えも

せず次々と新しい仕事を引き受けたり，自分のプライオリティ設定がうまくできていないのであれば反省が必要です。

Self-Disciplineへの意思

学期中多忙であることから，すきま時間を活用する，あるいは夏休みにまとめて研究するという人は多いと思います。しかし常に研究モードの中にいて，時々の仕事で中断することがあるという構えの方が強いと思います。他の仕事をしているときは，研究の頭は休めているという感覚，また複数の仕事を同時に行うという構えも効果的かと思います。そこで大事なのはプライオリティの設定と時間管理，そしてセルフディシプリンをしっかりもつことだと思います。Self-Disciplineとは，the ability to make yourself do things you know you should do even when you do not want toのことで（Cambridge Dictionary），これは持って生まれた才能ではなく，意志によって鍛えられるものです。

忙しいという感覚は，痛いという感覚と似ているように常々思います。なぜなら，その感覚はかなり主観的なものだと思うのです（もちろん組織人の過労死までいくようなケースはそれ以前に制度的な問題がありますが）。痛みに強い人も弱い人もいます。痛さの感覚は客観的に数値化できるわけではなく，どのくらい痛いのか周りからはわかりません。同様に，人から見たらすごく詰まったスケジュールなのに次々と仕事をこなしている人がいたり，逆にそれ程詰まっていないのに忙しいと言う人がいたり，忙しさの感覚は人によって違うものです。それは個人のディシプリン，経験，耐性などに依存すると思います。経験を重ねていく中で，そういった力がついてくるものです。ただやれて当たり前というように見られるとだんだんつらくなりますが，それは信頼されて任されているということですから頑張らなければなりません。多忙などの理由で言い訳をすることなく

(Silvia, 2007)，取り組んでほしいと思います。

　もう1つ「仕方がない」という言い方も気をつけなければなりません。自分なりに頑張ったけれど，周りの環境や条件が悪いのでうまくいかなくても仕方ない，という言い訳も時々聞きます。周りのせいにしてしまうのを他罰主義。逆に周りのせいにせず，すべて自分の中に取り込んで自分が悪いとしてしまう自罰主義。これは精神的にきつくなります。また誰も悪くない，状況や運が悪かったのだから仕方ない，頑張ったんだから良いという無罰主義というのもあるようです。しかし誰が悪い，何が悪いと言うよりも，問題が起きたり，事が進まなくなった場合，なぜそんなことになったのかよく考え，反省すべきことは反省し，同じことは繰り返さないことが大事です。たしかに，何をしてもうまくいかない時はあります。そんなときは少し仕事から離れた方が良い場合もあるでしょう。しかし言い訳ばかりしていると，信頼されなくなってしまいます。

　若い頃は大学や学界の古い体質を批判し研究意欲は高かったのに，就職し年月がたつにしたがってだんだん研究から遠ざかっていく人も見受けられます。せっかく研究者として大学に職を得たのですから，その頃の意気込みを持ち続けて欲しいと思います。たしかに，大学の教育・運営にかかわる仕事は忙しいし，行政や企業，またメディアから仕事を頼まれるようになると，ますます時間はなくなっていくでしょう。それぞれの生き方の問題ですが，結局研究成果と言えるものを残せることなく定年を迎えてしまったとするととても残念です。大学論を語る前にまず研究者は初心を忘れず，忙しくても言い訳をせず，学外の誘惑からもバランスをとって，地味な（成果が出るかどうか，評価されるかどうかわからない）研究を続ける。そしてアカデミック・コミュニティの場に仕事を広げていく。もちろん言うのは簡単ですが，実行するのはなかなか容易なことではないと思います。

日本の大学の「メリット」を生かす

　研究をしていくに当たっては，一般に次の2つの能力が必要と言えるで
しょう。ひとつは，高い記憶力や情報処理能力（PCのスペックのような
もの）で，もうひとつは，独創的な発想力，新しいものを持続的に生み出
す力です。研究にはこの両方の力が求められます。しかし短期間で成果を
求め，評価する制度のもとでは，後者の力はなかなか発揮しにくいと思わ
れます。一方，日本の大学のように長期雇用の保障，短期に成果を求めな
いという「メリット」を活かせば，短期的な業績評価に追われることなく，
長期的な視点で落ち着いて研究していけると思います。そういった環境で
は，失敗を恐れない，いや失敗しても構わないという構えでいられると思
います。アカデミック・コミュニティでは，中途半端なプライドは足かせ
になります。すでに指摘したように，カンファレンスで無名の日本人の学
会発表に，誰も期待などしていない，と言っても過言ではありません。そ
う思えれば，少し気は楽になります。英語が上手くなくても，一所懸命取
り組んでいる人を軽蔑などしません。

　そしてすべての面でベストな環境はないのであって，今いる所のアドバ
ンテージを活かして取り組むべきです。たとえより良い環境の中にいても，
それを活かせない人もいます。研究者としてのプロとは，どこにいても先
の二つの能力を発揮できる人だと言えます。最終的には個人の意志の問題
に行きつくと思います。単に頭のよしあしではなく，また環境のよしあし
でもなく，弛まぬ意志の力と好奇心が自分を前に押し出していくのだと思
います。

Column
「50m，100m」

　日本からヨーロッパに行く途中，シベリア上空を飛んでいると，晴れて
いれば窓の下に白く覆われた荒涼とした山並みを見渡すことができます。
それを眺めていてふと「50m，100m」という言葉を思いつきました。「50
歩，100歩」をもじったものですが，地上100mの高さにいる人は50mの高
さにいる人より上にいるのだけれど，１万mの高さから見たらその差はほ
とんどない。100mのレベルで偉そうにしていても，トップクラスとは桁
が違うという意味です。上には上がいる。狭い世界の中にずっととどまっ
ていると，だんだんその視野の狭さ自体が分からなくなってしまいがちで
す。視点を大きく変えると，全く異なる風景が見えるものです。その意味
でも，これまで述べてきたように，強制的にでも違う環境に身を置く，外
に出るということは大切なことだと思います。
　上空１万mを飛んでいる，高い業績を上げて評価されている研究者は，
猛烈に仕事をしています。Free University Berlinのある教授は，何時に

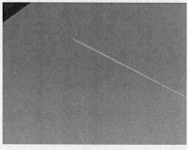

メールを送ってもすぐ返事が来ることから，若手があの人は寝ていないの
じゃないかと噂していました（逆にヨーロッパの大学では，教授になって
業績がなくても，またずっと講師のままでいても，それを軽蔑したり無視
したりしない雰囲気を感じ，懐の深さも感じます）。才能のある人がすご
く努力をしていることを目の当たりにすると，身の引き締まる思いがしま
す。もちろん，1万m上空の高さと自分の低さを比べて卑下しても仕方あ
りません。上には上がいるのは当たり前で，マイナス思考になっても救わ
れません。それを刺激に，一つずつ積み重ねるしか方法はありません。

　私は大学院の頃，師匠から研究者としての心構えを教え込まれてきまし
た。世阿弥の言葉を引用して，「上がるは三十四－五までのころ，下がる
は四十以来なり」と聞かされました。そこから私は勝手に解釈し，30代が
なければ40代はない，まして50代はない，というように敷衍して若い院生
に話しています。「風姿花伝」は能についての心得を書いたものですが，
我々にも通ずるところがあると思います。ここまで書いてきましたように，
環境のせいにせず，強い意志を持って戦略を転換し，方向を変えていくこ
とは可能です。自分で諦めたら，誰も救ってくれません。

2018 International Conference on
Corporate Sustainability and
Responsibility, Cologneにて。2010年
から同会議のCommittee Memberと
して呼んでくれたHumboldt大学のJ.
Schwalbach教授（中央）と，Virginia
大学のE. Freeman教授（右）は，私に
とって良き先輩であり，良きメンターで
もあります。

参考文献

Bailey, S. (2015) *Academic Writing: A Handbook for International Students*, 4th ed., Routledge, Abingdon, Oxon.

Crane, A., Henriques, I., Husted, B. W. and Matten, D. (2016a) "Publishing Country Studies in Business & Society: Or, Do We Care About CSR in Mongolia?", Editors' Insight, *Business & Society*, Vol. 55, No.1, pp.3-10.

――, Henriques, I., Husted, B. W. and Matten, D. (2016b) "What Constitutes a Theoretical Contribution in the Business and Society Field?", Editors' Insight, *Business & Society*, Vol.55, No.6, pp.783-791.

――, Henriques, I., Husted, B. and Matten, D. (2017) "Twelve Tips for Getting Published in Business & Society," Editors' Insight, *Business & Society*, Vol.56, No.1, pp.3-10.

Creswell, J. W. (2015) *A Concise Introduction to Mixed Methods Research* Sage, Los Angeles. (抱井尚子訳『早わかり混合研究法』ナカニシヤ出版, 2017年).

Creswell and Clark, V. L. (2007) *Designing and Conducting Mixed Methods Research*, Sage, Los Angeles. (大谷順子訳『人間科学のための混合研究法：質的・量的アプローチをつなぐ研究デザイン』北大路書房, 2010年).

Devinney, T. M. (2014) "Publishing without Perishing", Lecture at the Doctoral Workshop in the 6th International Conference on Corporate Sustainability and Responsibility, Humboldt University.

Flick, U. (2019) *An Introduction to Qualitative Research*, 6th ed., Sage, London. (小田博志監訳『新版 質的研究入門：〈人間の科学〉のための方法論』英語版第4版2009の邦訳, 春秋社, 2011年).

Gastel, B. and Day, R. A. (2016) *How to Write and Publish a Scientific Paper*, 8th ed., Greenwood, Santa Barbara, California.

Glasman-Deal, H. (2009) *Science Research Writing for Non-Native Speakers of English*, Imperial College Press, London. (甲斐基文・小島正樹訳『理系研究者のためのアカデミックライティング』東京図書, 2011年).

Hawke, P. and Whittier, R. F. (2011) 『日本人研究者のための絶対できる英語プレゼンテーション』福田忍訳, 羊土社.

Huang, L. (2010) *Academic Communication Skills: Conversation Strategies for International Graduate Students*, University Press of America, Lanham, Maryland.

Hunter, D. A. (2014) *A Practical Guide to Critical Thinking: Deciding What to Do and Believe*, 2nd ed., Wiley, Hoboken, New Jersey.

Langham, C. S. (2007)『国際学会English―挨拶・口演・発表・質問・座長進行』医歯薬出版.

Musick, C. (2015) "8 Questions and Answers about Predatory Journals: Protecting Your Research, Reputation, and Funding from Theft and Fraud," https://thinkscience.co.jp/en/downloads/ThinkSCIENCE-8-questions-and-answers-about-predatory-journals-July2015.pdf

Ramasarma, T. (2014) "Trendy Science Research Communication", *Current Science*, Vol. 106, No. 4, pp. 506-508.

Ravetz, J. R. (1971) *Scientific Knowledge and its Social Problems*, Oxford University Press, New York.（中山茂監訳『批判的科学―産業化科学の批判のために』秀潤社, 1977年).

Rousseau, D.M. (2006) "Is There Such Thing as 'Evidence-Based Management'?", *Academy of Management Review*, Vol.31, No.2, pp.256-269.

Schaltegger, S., Beckmann, M. and Hansen, E. G. (2013) "Transdisciplinarity in Corporate Sustainability: Mapping the Field", *Business Strategy and the Environment*, Vol.22, Issue 4, pp.219-229.

Silvia, P. (2007) *How to Write a Lot: a Practical Guide to Productive Academic Writing*, APA LifeTools, Washington D. C.（高橋さきの訳『できる研究者の論文生産術―どうすれば「たくさん」書けるのか』講談社, 2015年).

Swatridge, C. (2014) *Oxford Guide to Effective Argument & Critical Thinking*, Oxford University Press, Oxford.

Tritah, A. (2008) "The Brain Drain Between Knowledge-Based Economies: the European Human Capital Outflow to the US", *Économie Internationale*, 115, pp.65–108.

Zinsser, W. (1993) *Writing to Learn*, Harper Perennial, New York.

浅川和宏（2019）「経営研究の国際標準化時代における質の高い論文の条件―日本からのアプローチ」『組織科学』Vol.52，No.4，pp.4-12.

阿部謹也（2001）『学問と「世間」』岩波書店.

上出洋介（2014）『国際誌エディターが教えるアクセプトされる論文の書きかた』丸善出版.

苅谷剛彦（2017）『オックスフォードからの警告―グローバル化時代の大学論』中央公論新社.

苅谷剛彦・吉見俊哉（2020）『大学はもう死んでいる？』集英社.

川崎剛（2010）『社会科学系のための「優秀論文」作成術』勁草書房.

近藤克則（2018）『研究の育て方：ゴールとプロセスの「見える化」』医学書院.

桜井邦朋（2007）『アカデミック・ライティング―日本文・英文による論文をいかに書くか』朝倉書店.

佐藤郁哉（2015）『社会調査の考え方（上・下）』東京大学出版会.

佐藤雅昭（2016a）『なぜあなたの研究は進まないのか？』メディカルレビュー社.

―――（2016b）『なぜあなたは論文が書けないのか？』メディカルレビュー社.

―――（2017）『なぜあなたの発表は伝わらないのか？』メディカルレビュー社.

佐藤幸人編（2018）『21世紀アジア諸国の人文社会科学における研究評価制度とその影響』調査研究報告書，アジア経済研究所.

佐藤善信監修，髙橋広行・徳山美津恵・吉田満梨（2015）『ケースで学ぶケーススタディ』同文舘出版.

島岡要（2009）『やるべきことが見えてくる研究者の仕事術―プロフェッショナル根性論』羊土社.

島岡要・Moore, J. A.（2010）『ハーバードでも通用した研究者の英語術―ひとりで学べる英文ライティング・スキル』羊土社.

島村東世子（2017）『研究発表ですぐに使える理系の英語プレゼンテーション』日刊工業新聞社.

セイン，D.（2011）『英語ライティングルールブック』（第2版）DHC.

立花隆・利根川進（1990）『精神と物質―分子生物学はどこまで生命の謎を解けるか』文藝春秋.

谷本寛治（2017）「「企業と社会」研究の広がりと課題」（学界展望）『企業と社

会フォーラム学会誌』第6号，pp.144-152.

———（2018a）「持続可能な発展とビジネス教育—期待される研究・教育の課題」『人間会議』夏号，pp.172-177.

———（2018b）「どのようにアカデミック・コミュニケーション能力を高めるか」（学界展望）『企業と社会フォーラム学会誌』第7号，pp.68-77.

———（2019）『経営学者のドイツ』（クロスメディア・パブリッシング，Amazon POD）．

———（2020）『企業と社会—サステナビリティ時代の経営学』中央経済社．

田村正紀（2006）『リサーチ・デザイン—経営知識創造の基本技術』白桃書房．

東京大学教養学部統計学教室編（1991）『統計学入門』東京大学出版会．

中谷安男（2016）『大学生のためのアカデミック英文ライティング—検定試験対策から英文論文執筆まで』大修館書店．

———（2020）『経済学・経営学のための英語論文の書き方—アクセプトされるポイントと戦略』中央経済社．

長谷川修司（2015）『研究者としてうまくやっていくには—組織の力を研究に活かす』講談社．

廣岡慶彦（2005）『理科系のための入門英語論文ライティング』朝倉書店．

廣岡慶彦（2009）『英語科学論文の書き方と国際会議でのプレゼン』研究社．

廣岡慶彦（2014）『理科系のための実戦英語プレゼンテーション』朝倉書店．

藤本隆宏（2020）「発信せんとや生まれけむ—ジャーナル点数主義と日本の経営学」『組織科学』Vol.53，No.4，pp.18-28.

宮川公男（2015）『基本統計学：第4版』有斐閣．

文部科学省科学技術政策研究所（2009）「科学技術人材に関する調査～研究者の流動性と研究組織における人材多様性に関する調査分析～」平成20年度科学技術振興調整費調査研究報告書．

矢野正晴・富田純一（2005）「我が国の大学研究者の移動原理—経済学分野の研究者を例として」『赤門マネジメント・レビュー』第4巻第4号，pp.153-166.

山野井敦徳（1996）「移動性と威信」有本章・江原武一編著『大学教授職の国際比較』玉川大学出版部，pp.184-204.

[著者紹介]

谷本　寛治 (たにもと　かんじ)

早稲田大学商学学術院教授。一橋大学名誉教授。

神戸大学大学院経営学研究科博士課程修了。経営学博士（神戸大学）。

一橋大学大学院商学研究科教授などを経て，2012年より現職。

学会「企業と社会フォーラム」（JFBS）前会長。

科学技術振興機構　創発的研究支援事業アドバイザー。

[客員教授] Free University Berlin, National Taipei University, Cologne Business School, Parahyangan Catholic University など。

[運営委員] International Conference on Sustainability and Responsibility など。

[共同編集者] Corporate Governance: the international journal of business in society.

[編集顧問] Sustainability Accounting, Management and Policy Journal, International Journal of Corporate Social Responsibility など。

[近書]『責任ある競争力』（NTT出版 2013),『ソーシャル・イノベーションの創出と普及』（共著，NTT出版 2013),『日本企業のCSR経営』（千倉書房 2014),『ソーシャル・ビジネス・ケース』（編著，中央経済社 2015), Dictionary of Corporate Social Responsibility（共著，Springer 2015), Stages of Corporate Social Responsibility: From Ideas to Impacts（共著，Springer 2016), Corporate Social Responsibility（共著，Emerald 2018),『経営学者のドイツ』（クロスメディア・パブリッシング 2019, Amazon POD),『企業と社会』（中央経済社 2020) など。

[研究室HP] https://tanimoto-office.jp/

研究者が知っておきたいアカデミックな世界の作法

国際レベルの論文執筆と学会発表へのチャレンジ

2021年1月1日　第1版第1刷発行
2022年6月10日　第1版第2刷発行

著　者	谷　本　寛　治	
発行者	山　本　　　継	
発行所	㈱ 中 央 経 済 社	
発売元	㈱中央経済グループ パ ブ リ ッ シ ン グ	

〒101-0051　東京都千代田区神田神保町1-31-2
電　話 03 (3293) 3371 (編集代表)
　　　　03 (3293) 3381 (営業代表)
https://www.chuokeizai.co.jp
印刷／㈱堀内印刷所
製本／㈲井上製本所

© 2021
Printed in Japan

＊頁の「欠落」や「順序違い」などがありましたらお取り替えいた
しますので発売元までご送付ください。(送料小社負担)
ISBN 978-4-502-36681-9　C3034